日本語能力試験

JLPT
공식
Ver2.0
문제집
N3

日本語能力試験
JLPT 공식문제집 Ver2.0 N3

초판 1쇄 발행 2025년 6월 2일

지은이 국제교류기금·일본국제교류지원협회 문제제공
펴낸곳 (주)에스제이더블유인터내셔널
펴낸이 양홍걸 이시원

홈페이지 japan.siwonschool.com
주소 서울시 영등포구 영신로 166 시원스쿨
교재 구입 문의 02)2014-8151
고객센터 02)6409-0878

ISBN 979-11-6150-995-2 13730
Number 1-311111-26269920-06

이 책은 저작권법에 따라 보호받는 저작물이므로 무단복제와 무단전재를 금합니다. 이 책 내용의 전부 또는 일부를 이용하려면 반드시 저작권자와 ㈜에스제이더블유인터내셔널의 서면 동의를 받아야 합니다.

©2018 The Japan Foundation, and Japan Educational Exchanges and Services

목차

- JLPT(일본어 능력 시험)는 무엇일까요?   04
- JLPT(일본어 능력 시험) 인정 기준   08
- JLPT(일본어 능력 시험) 시험 과목과 문제 구성   09
- JLPT(일본어 능력 시험) 득점 구분과 결과 통지   10
- JLPT N3 시험 접수 및 결과 확인   11

- 이 책의 구성과 활용법   12

- 모의고사편(1회분)   13
- 정답 및 해설편   63

부가자료
- 청해 워크북   127

JLPT(일본어 능력 시험)는 무엇일까요?

✅ JLPT(일본어 능력 시험)의 목적과 주최

JLPT(日本語能力試験 : 일본어 능력 시험)은 일본어를 모국어로 하지 않는 사람들의 일본어 능력을 측정, 인정하는 것을 목적으로 하여, 1984년에 국제교류기금과 현·일본국제교육지원협회가 개시하였다.

✅ JLPT(일본어 능력 시험) 실시국 수와 연간 실시 횟수

JLPT는 1984년 초년도에는 전세계에서 약 7,000명이 응시하였으나, 2024년에는 96개의 나라·지역에서 1,470,989명이 응시하는 시험이 되었다.

▷ 일본어 능력시험 응시자 수 추이

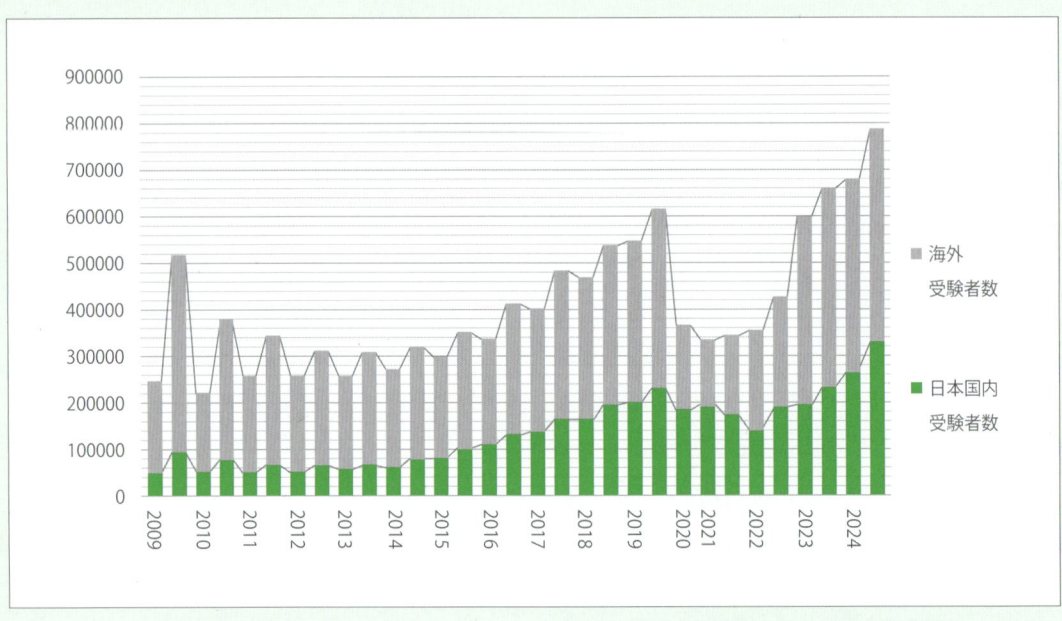

(자료 출처 : JLPT 홈페이지 통계 데이터에서)

✓ JLPT(일본어 능력 시험)의 장점

1 일본 출입국 관리상 우대 조치를 받기 위한 포인트 부여

'고도 인재에 대한 포인트 제도에 의한 출입국 관리상 우대조치'에 있어서 JLPT N1 합격자는 15점, N2 합격자는 10점의 가산점을 받을 수 있습니다. 출입국 포인트 합계가 70점 이상일 경우, 출입국 관리상 우대조치를 받을 수 있다.

2 일본 국가시험 수험 시 조건 중 하나

외국인이 일본 국가시험을 수험하는 조건 중 하나로, JLPT N1이 필요합니다. JLPT N1 인증이 필요한 일본의 국가시험은 의사 국가시험 등 20여개에 다다른다.

3 일본 준간호사 시험 수험을 위한 조건

해외에서 간호사학교 양성소를 졸업한 사람이 일본 준간호사 시험을 수험하기 위해서는 JLPT N1 인정이 필요하다.

4 일본 중학교 졸업정도 인정 시험에서 일부 시험과목 면제

외국 국적인 수험생의 경우, JLPT(일본어 능력시험) N1이나 N2 합격자는 일본어 시험이 면제된다.

5 EPA(경제연계협정)를 토대로 하는 간호사, 개호복지사 후보자 선정 조건 중 하나

EPA(경제연계협정)를 토대로 인도네시아, 필리핀, 베트남의 간호사, 개호복지사 후보자는 JLPT N5(필리핀)와 N4(인도네시아), N3(베트남) 이상의 인정이 필요하다.

JLPT(일본어 능력 시험) 4개의 특징

point 1

'과제 수행'을 위한 언어 커뮤니케이션 능력을 측정

JLPT는 일본어의 단어나 문법을 얼마나 알고 있는가, 뿐만이 아니라 커뮤니케이션에서 알고 있는 지식을 이용하여 과제를 수행할 수 있는가를 중요시하고 있다.

우리들이 생활 속에서 행하고 있는 다양한 '과제' 중에서 언어를 필요로 하는 것을 수행하려면, 언어지식 뿐만이 아니고, 그것을 실제로 이용하는 힘이 필요하기 때문이다. 따라서, JLPT(일본어 능력 시험)에서는 '언어지식'을 측정하기 위한 독해와 청해라는 요소를 시험에 더해, 종합적인 일본어 커뮤니케이션 능력을 측정하고 있다.

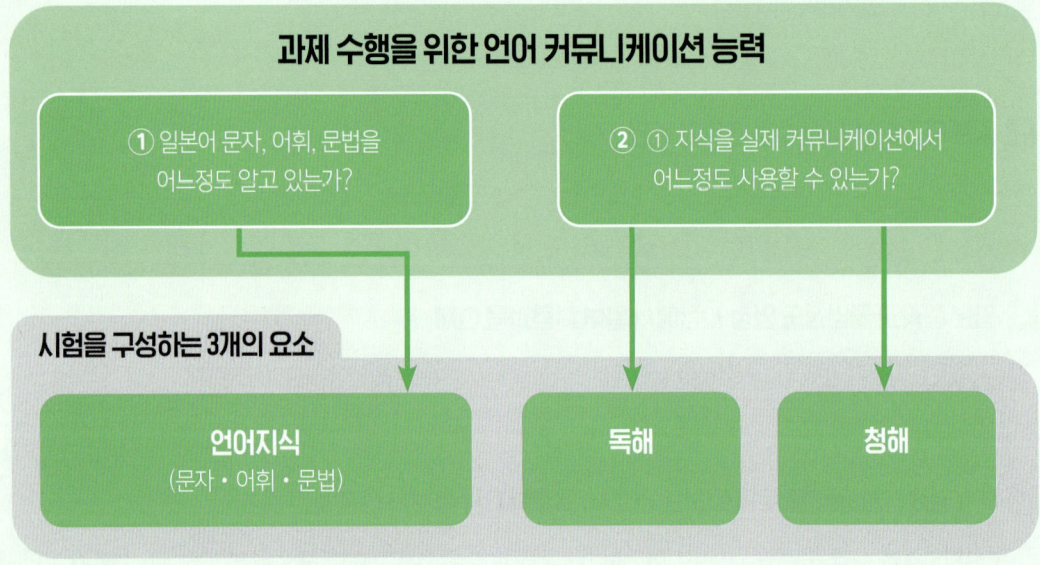

point 2

'5개'의 레벨에서 자신에게 맞는 레벨을 선택

JLPT에는 5단계(N1, N2, N3, N4, N5) 레벨이 있다. 가능한 정확하게 일본어 능력을 측정하기 위해, 시험 문제도 레벨별로 다르게 만들어져 있다.

point 3
'척도 득점'으로 일본어 능력을 보다 정확하게 측정

다른 시기에 실시되는 시험의 난이도를 완전히 동일하게 유지하는 것은, 시험 문제 작성 시에 전문가가 면밀하게 분석·검토하는 과정을 거쳐도 상당히 곤란하다. 그래서, 단순히 문제의 배점을 계산하여 더해가는 방식을 이용할 경우, 동일한 학습자라도 시험 때마다 다른 점수가 나올 가능성이 발생한다. 이러한 문제점에 대해, 보다 공평하게 대응하기 위해 공통의 척도를 토대로 표시한 '척도 득점'을 이용하는 것으로, 항상 동일한 기준 하에서 일본어 능력을 측정하고 있다.

point 4
전문가와 합격자의 평가에 의한 'Can-do 리스트' 제공

JLPT 시험으로 무엇을 할 수 있는지 알기 어렵다. 그래서, JLPT 시험 결과를 해석하기 위한 참고 자료로서 '일본어 능력 시험 합격자와 전문가의 평가에 의한 레벨별 Can-do리스트'를 제공하고 있다. 이 리스트는 2010년과 2011년 일본어 능력 시험 응시자, 약 65,000명을 대상으로 "일본어로 어떠한 것을 할 수 있다고 생각하는가?"에 관한 설문 조사를 실시하여 그 결과를 통계적으로 분석한 데이터로 작성하였으며, "합격자가 일본어를 사용해서 어떤 것을 할 수 있는가?"라는 이미지를 만들기 위한 참고 자료로 활용할 수 있다.

▷ Can-do 리스트 '듣는다' 예시

		N1	N2	N3	N4	N5
1	政治や経済などについてのテレビのニュースを見て、要点が理解できる。					
2	最近メディアで話題になっていることについての会話で、だいたいの内容が理解できる。					
3	フォーマルな場(例:歓迎会)でのスピーチを聞いて、だいたいの内容が理解できる。					
4	思いがけない出来事(例:事故など)についてのアナウンスを聞いてだいたい理解できる。					
5	仕事や専門に関する問い合わせを聞いて、内容が理解できる。					
6	関心あるテーマの講義や講演を聞いて、だいたいの内容が理解できる。					

JLPT(일본어 능력 시험) 인정 기준

JLPT(일본어 능력 시험)은 N1, N2, N3, N4, N5 총 5개의 레벨이 있으며, 제일 어려운 시험은 N1, 제일 쉬운 시험이 N5이다.

각 레벨의 인정 기준은 [읽는 것] [듣는 것]이라는 언어행동으로 나타낸다. [읽는 것]에는 문자 어휘, 문법 등의 언어지식과 독해가 필요하다.

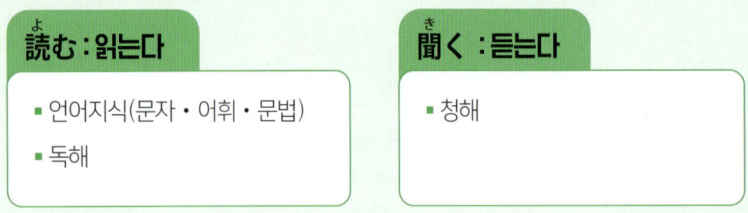

JLPT(일본어 능력 시험) N1~N5의 인정 기준은 다음과 같다.

N3	일상적인 장면에서 사용되는 일본어를 어느 정도 이해할 수 있다.
読む	▶ 폭 넓은 화제에 대하여 쓰여진 신문 논설, 평론 등, 논리적으로 조금 복잡한 문장이나 추상도가 높은 문장 등을 읽고, 문장의 구성이나 내용을 이해할 수 있다. ▶ 다양한 화제의 내용에 깊이가 있는 것을 읽고, 이야기의 흐름이나 상세한 표현 의도를 이해할 수 있다.
聞く	▶ 폭 넓은 장면에 있어서 자연스러운 속도의 정리가 된 화제나 뉴스, 강의를 듣고, 이야기의 흐름이나 내용, 등장 인물의 관계나 내용의 논리구성 등을 상세하게 이해하거나 요지를 파악할 수 있다.
N1	폭 넓은 장면에서 사용되는 일본어를 이해할 수 있다.
N2	일상 적인 장면에서 사용되는 일본어의 이해에 더해, 보다 폭 넓은 장면에서 사용되는 일본어를 어느 정도 이해할 수 있다.
N4	기본적인 일본어를 이해할 수 있다.
N5	기본적인 일본어를 어느 정도 이해할 수 있다.

JLPT(일본어 능력 시험) 시험 과목과 문제 구성

JLPT(일본어 능력시험) 과목은 크게 언어지식과 청해로 나뉘며, 시험 과목과 시험 시간은 다음과 같다.

레벨	시험 과목<시험 시간>		
N1	언어지식(문자, 어휘, 문법)·독해 <110분>		청해 <55분>
N2	언어지식(문자, 어휘, 문법)·독해 <105분>		청해 <50분>
N3	언어지식(문자, 어휘) <30분>	언어지식(문법)·독해 <70분>	청해 <40분>
N4	언어지식(문자, 어휘) <25분>	언어지식(문법)·독해 <55분>	청해 <35분>
N5	언어지식(문자, 어휘) <20분>	언어지식(문법)·독해 <40분>	청해 <30분>

※ 시험 시간은 변경될 수 있으며, <청해>는 시험 문제 녹음 길이에 따라 시험 시간이 다소 바뀐다.

JLPT(일본어 능력시험) N3의 문제 구성은 다음과 같다.

언어지식 독해	문자·어휘	한자 읽기	0~60점
		문맥 규정	
		유의어	
		용법	
	문법	문법 형식의 판단	
		문장 만들기	
		글의 문법	
	독해	내용 이해(단문)	0~60점
		내용 이해(중문)	
		내용 이해(장문)	
		통합 이해	
		주장 이해(장문)	
		정보 검색	
청해		화제 이해	0~60점
		포인트 이해	
		개요 이해	
		즉시 응답	
		통합 이해	

JLPT(일본어 능력 시험) 득점 구분과 결과 판정

✅ 득점 구분

시험 결과는 득점 구분과 득점 범위에 따라 결정된다. N1의 득점 구분은 언어지식(문자, 어휘, 문법), 독해, 청해의 3구분이다.

레벨	득점 구분	득점 범위
N3	언어지식(문자·어휘·문법)	0~60
	독해	0~60
	청해	0~60
	종합 득점	0~180

✅ 결과 판정

합격하려면, ① 종합 득점이 합격에 필요한 점수(합격점) 이상일 것, ② 각 득점 구분 득섬이 구분마다 설정되어 있는 합격에 필요한 점수(기준점) 이상일 것, 이라는 2가지가 필요하다. 이 중 하나라도 기준점에 달하지 않는 득점 구분이 있는 경우에는 아무리 종합 점수가 높아도 불합격으로 판정된다.

또한, 3개의 득점 구분 중, 하나라도 수험하지 않은 과목이 있는 경우에는 불합격 판정된다.

✅ 결과 통지

레벨 별로 합격과 불합격을 판정하여, 합격자에게는 일본어능력인정서를 발송한다. 2005년 이후에 일본 국내 시험에서 합격한 사람과, 2012년 이후에 한국, 대만, 중국에서 시험을 본 합격자의 인증서에는 사진이 게재되어 있다. 또한, 일본 국내에서 시험을 본 경우에는 합격 불합격 통지서를 발송하며, 일본 이외의 해외에서 시험을 본 경우에는 2014년부터 합격 불합격 통지서 대신에, 전원이 일본어 능력시험 인정 결과 및 성적에 관한 증명서를 받을 수 있다.

✅ JLPT N3 시험 접수 및 결과 확인

▪ JLPT 시험 실시 지역

서울권	서울, 인천, 수원, 성남, 안양, 고양, 부천, 천안, 청주, 대전, 전주, 광주, 춘천, 원주
부산권	부산, 김해, 대구, 구미, 창원, 진주, 울산, 포항
제주권	제주

▪ 접수 기간 및 시험일, 성적 발표 일정

	접수 기간	시험일	성적 발표
해당 연도 1회 시험	4월 초	7월 첫 번째 일요일	8월 말
해당 연도 2회 시험	9월 초	12월 첫 번째 일요일	(다음 해) 1월 말

※ 일반 접수 기간이 끝난 후, 추가 접수 기간이 있다(변동 가능성 있음).

▪ 접수 방법

① 온라인 접수 : JLPT 한국 홈페이지(https://www.jlpt.or.kr/html/intro.html)에서 접수한다.
② 우편 접수 : 우편접수 신청서(JLPT 한국 홈페이지에서 서식 다운)에 기입 후, 증명사진 1매, 수험료와 함께 등기 우편으로 발송한다(단, 수험장 선택 불가).
※ 추가 접수는 온라인 접수만 가능하다.

▪ 접수 준비물

사진(여권사진 규격 3.5*4.5cm) 1매, 수험료

▪ 시험 준비물

수험표(온라인 접수자는 홈페이지에서 직접 출력), 규정 신분증, 필기구, 시계

▪ 시험 시간 (2025년부터 시험 시간 변경)

① N1, N2 : 9:40분까지 입실
② N3, N4, N5 : 13:40분까지 입실

▪ 결과 확인

① JLPT 한국 홈페이지에서 직접 확인(1회 시험은 8월말, 2회 시험은 다음 해 1월 말)
② 우편으로 수령 : 1회 시험은 10월초, 2회 시험은 다음 해 3월 초에 성적 증명서가 발송된다.

이 책의 구성과 특징

문제

❶ 시험 전 준비물 체크

실제 시험과 같은 환경에서 응시할 수 있도록,
해답 용지와 필기도구, 청해 음성 등
테스트 전 필요한 것을 점검할 수 있도록 하였습니다.

**❷ 다양한 청해 MP3 파일로
실전 감각 끌어 올리기**

기본 버전, 고사장 소음 버전, 1.2배속 버전의
다양한 무료 MP3를 제공합니다. 복습에도 활용해 주세요.

해설

❸ 친절하고 자세한 해설집 수록

모든 문제에 상세하고 전략적인 해설과
오답의 근거까지 제시하여 확실하게 이해하고 넘어
갈 수 있습니다.

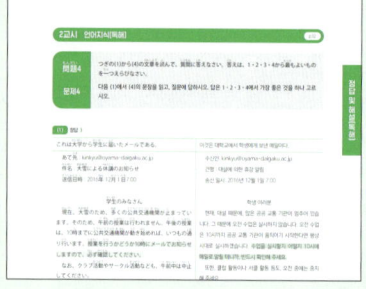

청해 워크북

❹ 고득점이 보이는 청해 워크북

실력 향상을 위한 청해 워크북을 제공합니다.
반복적인 훈련을 통해 고득점에 대비할 수 있습니다.

JLPT 공식 문제집 Ver2.0
N3 모의고사
문제집

1교시 언어지식(문자·어휘·문법)·독해
2교시 청해

테스트 전 확인 사항
☐ 해답 용지 준비하셨나요?   ☐ 연필과 지우개 챙기셨나요?   ☐ 청해 음성 들을 준비하셨나요?

청해 일반 버전 전체 음성 MP3

청해 고사장 버전 전체 음성 MP3

청해 배속 버전 전체 음성 MP3

MP3 음원은 시원스쿨 홈페이지(Japan.siwonschool.com) > 학습지원센터 > 공부 자료실에서도 무료 다운로드 가능합니다.

시험 시간: 1교시 100분 | 2교시 40분

목표 점수: 점
시작 시간: 시   분 ~ 종료 시간: 시   분

Language Knowledge (Vocabulary)

もんだいようし

N3

げんごちしき(もじ・ごい)
(30ぷん)

ちゅうい
Notes

1. しけんが はじまるまで、この もんだいようしを あけないで ください。
   Do not open this question booklet until the test begins.

2. この もんだいようしを もって かえる ことは できません。
   Do not take this question booklet with you after the test.

3. じゅけんばんごうと なまえを したの らんに、じゅけんひょうと おなじように かいて ください。
   Write your examinee registration number and name clearly in each box below as written on your test voucher.

4. この もんだいようしは、ぜんぶで 6ページ あります。
   This question booklet has 6 pages.

5. もんだいには かいとうばんごうの 1、2、3…が ついて います。かいとうは、かいとうようしに ある おなじ ばんごうの ところに マークして ください。
   One of the row numbers 1, 2, 3 …is given for each question. Mark your answer in the same row of the answer sheet.

受験番号　Examinee Registration Number	

名前　Name	

言語知識(文字・語彙) − 1

問題1 ＿＿＿のことばの読み方として最もよいものを、1・2・3・4から一つえらびなさい。

1 会場には大勢(おおぜい)の観客がいた。
　　1 けんぎゃく　　2 かんぎゃく　　3 けんきゃく　　4 かんきゃく

2 田村(たむら)さんが払ってくれました。
　　1 くばって　　　2 はらって　　　3 かざって　　　4 ひろって

3 ホテルには3時ごろ到着します。
　　1 とうちゃく　　2 とうつく　　　3 とちゃく　　　4 とつく

4 山下(やました)さんが説明を加えました。
　　1 つたえました　2 おえました　　3 くわえました　4 かえました

5 今から訓練を行います。
　　1 くんれい　　　2 くんれん　　　3 ぐんれい　　　4 ぐんれん

6 この豆はスープに使うといいですよ。
　　1 こな　　　　　2 いも　　　　　3 かい　　　　　4 まめ

7 社会には共通のルールがあります。
　　1 きょうつ　　　2 こうつう　　　3 きょうつう　　4 こうつ

8 来年から税金が上がるそうだ。
　　1 ぜいきん　　　2 ぜっきん　　　3 せいきん　　　4 せっきん

問題2 ＿＿＿のことばを漢字で書くとき、最もよいものを1・2・3・4から一つえらびなさい。

9 しばらく、きれいな<u>なみ</u>を見ていた。
1 池　　　2 湖　　　3 港　　　4 波

10 もう少し<u>はや</u>く歩きましょう。
1 軽く　　2 急く　　3 速く　　4 進く

11 わたしは今の生活に<u>まんぞく</u>している。
1 満続　　2 万続　　3 満足　　4 万足

12 父は腕を<u>く</u>んで何か考えていた。
1 接んで　2 組んで　3 折んで　4 結んで

13 この国は主に米を<u>ゆしゅつ</u>している。
1 輸出　　2 諭出　　3 輪出　　4 論出

14 赤ちゃんが母親に抱かれて<u>ねむ</u>っています。
1 寝って　2 宿って　3 眼って　4 眠って

問題3 （　　）に入れるのに最もよいものを、1・2・3・4から一つえらびなさい。

15　この紙は、ぬれても破れにくいという（　）があります。
　　1　実力　　　　2　特長　　　　3　専門　　　　4　主張

16　佐藤さんには、おとなしい（　）があるが、本当は活動的な人らしい。
　　1　ヒント　　　2　タイトル　　3　アイディア　4　イメージ

17　正月には親戚が集まって、みんなでテーブルを（　）、楽しく食事をした。
　　1　囲み　　　　2　通し　　　　3　包み　　　　4　越え

18　このレストランの料理はおいしくないので、店内はいつも（　）だ。
　　1　ふらふら　　2　ぐっすり　　3　がらがら　　4　うっかり

19　高田さんが引っ越すという（　）を聞いたが、本当かどうか気になる。
　　1　うわさ　　　2　宣伝　　　　3　うそ　　　　4　冗談

20　父から借りた本をなくしてしまったので謝ったら、父はすぐに（　）くれた。
　　1　従って　　　2　守って　　　3　許して　　　4　抑えて

21　パソコンの前でずっと同じ（　）でいたので、体が痛くなった。
　　1　様子　　　　2　姿勢　　　　3　印象　　　　4　間隔

22　申込書に間違いがないか、よく（　）から受付に出した。
　　1　くりかえして　2　気にして　　3　見つめて　　4　たしかめて

23　わたしのふるさとは（　）が盛んで、米や野菜をたくさん作っています。
　　1　自然　　　　2　資源　　　　3　作物　　　　4　農業

24　水に浮いていた木の葉が、しばらくすると水の中に（　）しまった。
　　1　しずんで　　2　ころんで　　3　たおれて　　4　おぼれて

25　この話は誰にも言わずに、ずっと（　）にしていた。
　　1　裏側　　　　2　内緒　　　　3　後方　　　　4　中身

問題4 _____に意味が最も近いものを、1・2・3・4から一つえらびなさい。

26 水の表面がかがやいています。
1 止まって　　2 揺れて　　3 汚れて　　4 光って

27 その知らせを聞いたとき、わたしはとてもがっかりした。
1 残念だと思った　　　　2 うれしかった
3 驚いた　　　　　　　　4 安心した

28 留学生活に不安は当然ありました。
1 いろいろ　　2 少し　　3 もちろん　　4 いつも

29 パーティーの料理があまりました。
1 多すぎて残りました　　　　2 少し足りませんでした
3 とてもおいしかったです　　4 そんなにおいしくなかったです

30 ここは横断禁止です。
1 座ってはいけません　　　　2 渡ってはいけません
3 走ってはいけません　　　　4 入ってはいけません

問題5 つぎのことばの使い方として最もよいものを、1・2・3・4から一つえらびなさい。

31 急

1 この料理は電子レンジを使って急にできるので、とても簡単だ。
2 あと10分で電車が出発してしまうので、急に駅に向かった。
3 部屋から急に人が飛び出してきたので、ぶつかりそうになった。
4 新しいゲームを買ったので、家に帰って急にやってみた。

32 沸騰

1 今日は朝からどんどん暑くなり、昼には気温が沸騰した。
2 鍋のお湯が沸騰したら、とうふを入れて火を少し弱くしてください。
3 昼ごろから具合が悪くなり、夕方熱が沸騰したので病院へ行った。
4 このストーブは沸騰するのが早いので、すぐに部屋が暖かくなる。

33 まげる

1 今朝は寒かったので、マフラーを首にまげて出かけた。
2 けがは良くなったが、腕を伸ばしたりまげたりすると、まだ少し痛む。
3 一つのパンを半分にまげて、二人で分けて食べた。
4 シャツをきちんとまげたら、たんすの引き出しにしまってください。

34 出張

1 営業のため、来週一週間、課長とアメリカに出張します。
2 仕事を辞めたら、家族とゆっくり海外に出張したいと思う。
3 わたしは毎朝9時に会社に出張し、残業はしないで家に帰る。
4 あしたは子どもの運動会に出張するので、仕事を休みます。

[35] 慰める

1 祖母は古い物でも捨てないで、長い間慰めて使っている。
2 試合を見ながら、優勝を願って一生懸命選手を慰めた。
3 仕事で失敗してしまったが、友人が慰めてくれたので元気が出た。
4 弟が希望の大学に合格したので、家族で外食をして慰めた。

Language Knowledge (Grammar)・Reading

問題用紙

N3
言語知識(文法)・読解
(70分)

注意 Notes

1. 試験が始まるまで、この問題用紙を開けないでください。
   Do not open this question booklet until the test begins.

2. この問題用紙を持って帰ることはできません。
   Do not take this question booklet with you after the test.

3. 受験番号と名前を下の欄に、受験票と同じように書いてください。
   Write your examinee registration number and name clearly in each box below as written on your test voucher.

4. この問題用紙は、全部で19ページあります。
   This question booklet has 19pages.

5. 問題には解答番号の 1 、2 、3 … が付いていています。解答は、解答用紙にある同じ番号のところにマークしてください。
   One of the row numbers 1 , 2 , 3 …is given for each question. Mark your answer

受験番号 Examinee Registration Number

名前 Name

言語知識(文法)・読解 − 1

問題1 つぎの文の（　　）に入れるのに最もよいものを、1・2・3・4から一つえらびなさい。

1　彼は小説家（　　）有名になったが、普段は小さな病院で働く医者だ。

　1　について　　　2　として　　　3　にしたがって　　　4　と比べて

2　先週、会社の面接で「もし自分を色で表す（　　）、何色ですか。」と聞かれ、オレンジ色と答えた。「元気」や「健康」のイメージがあるからだ。

　1　ことから　　　2　という点で　　　3　ように　　　4　としたら

3　昨日の夜、寝る前に（　　）ヨーグルトが食べたくなって、夜中なのにコンビニに買いに行ってしまった。

　1　どうか　　　2　せっかく　　　3　どうしても　　　4　きっと

4　このケーキは材料を混ぜて焼く（　　）から、誰でも失敗せずにおいしく作れる。

　1　だけだ　　　2　ことだ　　　3　せいだ　　　4　ときだ

5　私の町では毎年8月最後の日曜日に夏祭りが（　　）。

　1　行います　　　2　行わせます　　　3　行っています　　　4　行われます

6　（靴屋で）
客　「すみません。この靴のもう一つ大きいサイズはありますか。」
店員「あ、はい、確認しますので、少々（　　）。」

　1　お待ちしております　　　　　2　お待ちください
　3　お待ちできます　　　　　　　4　お待ちしましょう

7　（電話で）
X建設の社員「はい、X建設営業部です。」
中田　　　　「あ、私、ABC銀行の中田と（　　）が、山石さんをお願いします。」

　1　ございます　　　2　いたします　　　3　申します　　　4　申し上げます

언어지식 (문법)·독해　25

⑧ 息子が通う高校では、お昼にパンや飲み物が買える場所もあるが、基本的には全員がお弁当を（　　）。

1　持っていったばかりだ　　　2　持っていくことになっている
3　持っていきたい　　　　　　4　持っていくつもりだ

⑨ 昼寝をするのは気持ちがいいが、夜（　　）困るので、いつも15分ぐらいで起きる。

1　寝なくて　　　　　　2　寝られると思って
3　寝られないと　　　　4　寝ると思うと

⑩ A市は、保育園の数が少なく、保育園を（　　）利用できない人がいることが問題になっている。

1　利用したくても　　　2　利用しそうになって
3　利用しているのに　　4　利用できたら

⑪ 妻「ねえ、ちょっと買い物に行ってくるから、今夜行くレストランの予約をお願いできる？」
夫「うん、わかった。（　　）。19時からで大丈夫？」
妻「ええ、ありがとう。」

1　予約してね　　　　　2　予約しておくよ
3　予約しようよ　　　　4　予約してあるね

⑫ (畑で)
子「ねえ、このトマト、もう食べられる？赤くなっているよ。」
父「うん。そろそろ（　　）ね。」

1　食べやすいそうだ　　2　食べていそうだ
3　食べたがるそうだ　　4　食べてもよさそうだ

13 (改札で)
南　「山下さん、来ませんね。携帯に電話をしても出ないし、どうしますか。」
中川「これ以上待つと私たちも間に合わないから、先に（　　）。」
南　「そうですね。行きますか。」

1　行ってしまいましょうか　　　2　行ってしまうのでしょう
3　行ってしまいましたか　　　　4　行ってしまっていました

言語知識(文法)・読解 − 4

問題2 つぎの文の ___★___ に入る最もよいものを、1・2・3・4から一つ選びなさい。

(問題例)
　　つくえの ____ ____ ★ ____ あります。

　　1 が　　　　2 に　　　　3 上　　　　4 ペン

(解答のしかた)

1. 正しい答えはこうなります。

あそこで ____ ____ ★ ____ あります。
3 上　　2 に　　4 ペン　　1 が

2. ___★___ に入る番号を解答用紙にマークします。

(解答用紙)　(例)　① ② ③ ●

14　この写真の鳥はとても珍しくて、この鳥の ____ ____★____ ____ そうだ。

　　1　見る機会がない　　　　2　専門家でも
　　3　なかなか　　　　　　　4　研究をしている

15　春から大学生になる娘には ____ ____ ★ ____ できない経験をいろいろしてほしい。

　　1　にも　　　2　にしか　　　3　勉強以外　　　4　大学時代

16 土曜日は買い物をしたり友人と食事をしたりし、日曜日は ＿＿ ＿＿ ★ ＿＿ 私の好きな週末の過ごし方だ。

1　のが　　　　　　　　　　2　という
3　家で過ごす　　　　　　　4　どこにも出かけずに

17 (レストランで)
客「すみません。15分ぐらい前に案内をお願いして、しばらくここで待てって ＿＿ ＿＿ ★ ＿＿ 。まだですか。」
店員「大変申し訳ありません。」

1　待っているんです　　　　2　言われた
3　から　　　　　　　　　　4　けど

18 歴史を ＿＿ ＿＿ ★ ＿＿ 進学を決めた。

1　勉強すればするほど　　　2　歴史学科への
3　と思うようになって　　　4　もっと学びたい

問題7　つぎの文章を読んで、文章全体の内容を考えて、 19 から、 23 の中に入る最もよいものを、1・2・3・4から一つえらびなさい。

下の文章は、留学生が書いた作文です。

日本人の天気の話

アルティカ　ミラ

　日本へ来て、多くの人が天気の話をすることに気がつきました。アパートの管理人さんは朝会うと、「おはよう。」の後に「今日は暑いね。」とか「いい天気だね。」と言います。あちこちで、多くの人があいさつに続けて天気の話をしているのを聞きました。 19 、私の国では天気の話をあまりしないので、なぜ天気の話をするのかわかりませんでした。私はしてもしなくてもいいと考え、自分からはしていませんでした。

　ところが、ある冬の寒い朝、日本人の友達に会ったとき、「おはよう。」の後で自然に「寒いね。」と 20 。友達は「本当だね。」と答え、その後、寒い冬に食べるとおいしい食べ物や冬の服の話になりました。天気の話が天気に関係した話に 21 、おもしろいと思いました。

　私の国は一年中暑いですが、日本は四季があって気温の変化が大きいし、天気もよく変わります。そのため、多くの日本人が天気に関心を 22 。

　最近は管理人さんともよく天気の話をするようになって、天気の話は誰とでもしやすいことに気づきました。 23 も天気の話をする人が多い理由の一つだと思います。

19

1　そのうえ　　　2　つまり　　　3　けれども　　　4　すると

20

1　言われていました　　　　2　言ってもらいました
3　言わせてみました　　　　4　言ってしまいました

21

1　広がって　　　2　広がるより　　　3　広がるように　　　4　広がったそうで

22

1　持ったはずがありません　　　2　持ちたがりません
3　持つのかもしれません　　　　4　持とうとしません

23

1　どれ　　　2　これ　　　3　あれら　　　4　それら

問題4 つぎの(1)から(4)の文章を読んで、質問に答えなさい。答えは、1・2・3・4から最もよいものを一つえらびなさい。

（1）

これは大学から学生に届いたメールである。

あて先：kinkyu@oyama-daigaku.ac.jp
件名：大雪による休講のお知らせ
送信日時：2016年　12月　1日　7:00

学生のみなさん

現在、大雪のため、多くの公共交通機関が止まっています。そのため、午前の授業は行われません。午後の授業は、10時までに公共交通機関が動き始めれば、いつもの通り行います。授業を行うかどうか10時にメールでお知らせしますので、必ず確認してください。
なお、クラブ活動やサークル活動なども、午前中は中止してください。

大山大学 事務室

24　このメールからわかることは何か。

1　今日の午前の授業は、10時から始まる。
2　午前も午後も、今日はクラブ活動を中止しなければならない。
3　今日の午後の授業があるかどうか、10時に事務室からメールが届く。
4　10時に事務室からメールが届いたら、今日の午後の授業はある。

(2)

　「携帯電話は持っていないんです。」私がそう言うと、たいていの人は驚く。「あったら便利ですよ。」と言われるが、それは私もよくわかっている。
　実は、私も以前、携帯電話を持っていた。しかし、いつどこにいても電話に出なければいけない気がして、それが嫌で持つのをやめてしまったのだ。すると、とても気持ちが楽になった。
　最近は料金が安いものもあるようだし、携帯電話がない生活には不便なこともある。それでも、私は今のままでいいと思っている。

25　携帯電話について、「私」はどのように考えているか。

1　便利だと言う人もいるが、自分はそう思わないので、今は持つつもりはない。
2　便利だと思うが、いつも電話を気にする生活は嫌なので、今は持つつもりはない。
3　持っていると便利だし、最近は料金が安くなったので、もう一度持つつもりだ。
4　持ちたくはなかったが、ないと不便なので、もう一度持つつもりだ。

(3)

　日本には飲み物の自動販売機がたくさんある。缶コーヒーやペットボトルのお茶などは、一台の販売機で温かい物か冷たい物かを選べるので、便利だ。しかし、最初のころの自動販売機は、冷たい物しか売ることができなかった。

　ある冬の日、高速道路の駐車場で、トラックの運転手たちが自動販売機で買ったジュースを飲んでいた。みんなとても寒そうだったので、それを見た飲料会社の社長が、冬には温かい物を飲んでほしいと考えた。それから10年近くかけて作られたのが、今の販売機なのだそうだ。

26 今の販売機が作られることになったのは、どうしてか。

1　冬に販売機で冷たい物を買って飲んだ飲料会社の社長が、客が気の毒だと感じたから
2　冷たい物が買える販売機があれば便利だろうと、飲料会社の社長が考えたから
3　温かい物が買える販売機が欲しいと、飲料会社の社長が運転手たちに言われたから
4　温かい物も買える販売機があれば喜ばれるだろうと、飲料会社の社長が考えたから

(4)

12月2日の朝、パクさんが出勤すると、机の上に黒田課長からのメモが置いてあった。

> パクさん
> 　先週の新製品の企業向け説明会の報告資料を見ました。内容はわかりやすくていいと思います。
> 　明日の午後、私が会議に出て、この資料を使って報告することになりました。参加企業のリストも欲しいので、準備しておいてください。
> 　明日は、モリムラ工業に寄ってから出勤するので、会社に着くのは11時ごろになる予定です。それまでにお願いします。
>
> 　　　　　　　　　　　　　　　　　　　　12月1日（木）　19：30
> 　　　　　　　　　　　　　　　　　　　　　　　　　　　　黒田

27　このメモを読んで、パクさんがしなければならないことは何か。

1　11時ごろまでに、説明会に参加した企業のリストを準備しておく。
2　午後の会議までに、説明会の報告資料をわかりやすく書き直す。
3　午後の会議までに報告資料を直し、会議で説明会について報告する。
4　黒田課長がモリムラ工業に行くまでに、説明会の報告資料を完成させる。

問題5 つぎの(1)と(2)の文章を読んで、質問に答えなさい。答えは、1・2・3・4から最もよいものを一つえらびなさい。

(1)

　私は本が好きで、よく本を買うのですが、先日①失敗をしてしまいました。家で買ったばかりの本を読んでいたら、前に読んだことがあるような気がしてきたのです。もしかしたら持っている本かもしれないと思って本棚を探してみたら、やっぱりありました。そして、その本を読んだことも思い出したのです。

　私はたまにこんな失敗をします。読んだことがある本なのに、買ったことも内容も忘れているのです。

　それが面白くない本だったときは、つまらない本のために二度もお金を払ったことが悔しくなります。でも、面白くて感動した本だったときには、悔しいだけではなく②自分が嫌になります。いいと思った本のことを忘れてしまった自分が情けないのです。

　これからも同じようなことをしてしまうかもしれません。でも、本を読むのは楽しいので、本屋通いはやめられそうもありません。

28　①失敗とあるが、どのようなことか。

1　買ったばかりの本を本棚に入れたまま、読むのを忘れてしまったこと
2　前に読んだことを忘れて、同じ本をまた買ってしまったこと
3　持っていない本なのに、本棚にあるはずだと思って探してしまったこと
4　初めて読む本なのに、前に読んだことがあると思ってしまったこと

29　②自分が嫌になりますとあるが、それはなぜか。

1　前に読んで面白いと思った本なのに、もう一度読んだら、つまらないと感じたから
2　前に読んでつまらないと思った本なのに、もう一度読んだら、面白いと感じたから
3　一度読んで面白いと思った本なのに、その本のことを覚えていなかったから
4　一度読んでつまらないと思った本なのに、二度もお金を払ってしまったから

[30] 本を買うことについて、「私」はどう思っているか。

1 これからは失敗しないように、よく調べてから本を買うようになるだろう。
2 同じ失敗を繰り返さないために、なるべく本屋に通わないようにするだろう。
3 本を好きになるために、これからも失敗を気にせずに本屋通いをするだろう。
4 失敗することもあるかもしれないが、これからも自分は本を買い続けるだろう。

(2)

　突然の雨で、傘がなくて困ったり、慌てて傘を買ったのにすぐ晴れてしまった、という経験をした人は多いだろう。必要な時だけ傘が借りられたら、どんなに便利だろうか。
　実は、それが可能な町がある。この町は、「弁当を忘れても傘を忘れるな」という言葉があるように、とても雨が多い。そして、観光客の多い町でもある。傘がなくてもみんなが困らないように、最近、この町のあるグループが「貸し傘」活動を始めた。
　この傘は、観光客でも市民でも無料で自由に利用できる。現在、4,500本以上がバス停やスーパー、公共の建物などの「貸し傘」用の傘立てに置いてあって、必要な時はそれを借りることができる。返すのは借りたのと同じ傘立てでなくてもいい。
　「貸し傘」を始めたグループでは、借りた傘は大切に使い、きちんと返してほしいと言っている。また、どこかに置いたままの「貸し傘」を見つけたら傘立てに戻すなどの協力もしてほしいと呼びかけている。

[31] それとあるが、何か。

1　突然雨が降った時に、すぐに傘を買うこと
2　買っても使わなかった傘を、店に返すこと
3　使いたい時にだけ、傘を借りて使うこと
4　雨の日に、傘をささずに観光をすること

32 「貸し傘」についての説明で、合っているものはどれか。

1 この町に来た観光客だけが利用できる。
2 「貸し傘」のグループのメンバーだけが利用できる。
3 観光客なら、利用した傘を記念に持ち帰ってもいい。
4 利用した後は、「貸し傘」用の傘立てのどれかに返せばいい。

33 「貸し傘」を始めたグループが、利用する人にしてほしいと言っていることは何か。

1 傘を大事に扱い、「貸し傘」の活動がうまくいくように協力してほしい。
2 傘をどんどん借りて、「貸し傘」の利用者が増えるように協力してほしい。
3 「貸し傘」の傘が不足しないように、不要な傘を集めるのに協力してほしい。
4 「貸し傘」の傘が返しやすくなるように、傘立てを増やすことに協力してほしい。

問題6 つぎの文章を読んで、質問に答えなさい。答えは、1・2・3・4から最もよいものを一つえらびなさい。

　先日、テレビであるタクシー会社の話が紹介されていた。
　タクシーの運転手は、利用者から「急いでください。」と言われることが多いので、急ぐことがサービスになると思っている人が多い。それで、走り出してすぐにスピードを上げたり、前の車が遅いときは追い越したりしていた。ところが、その会社が利用者にアンケート調査を行ってみると、70％以上の人が「ゆっくり走ってほしいと思ったことがある」と答えたそうだ。
　「①驚きました。多くのお客様が希望しているサービスは、私たちが考えていたのとは反対のものだったんです。」と会社の人は話していた。
　会社は、この結果から、必ずしも急ぐ必要がある人ばかりではないと気がついた。急ごうとすると、どうしても車が大きく揺れてしまうことがある。小さい子供を連れた人や車に酔いやすい人など、ゆっくり丁寧に運転してほしいと思う利用者もいるのだ。しかし、急いでくれている運転手に「急がなくてもいいから、丁寧に運転してください。」とは言いにくい人が多いのだろうと考えた。
　そこで、この会社では、利用者が座る席の前にボタンをつけ、利用者がそのボタンを押せば、いつもよりゆっくり丁寧に運転するというサービスを開始した。これなら、希望を言い出しにくい人でも、遠慮なく希望を運転手に伝えることができる。
　このサービスを喜ぶ利用者は多く、会社のイメージも上がって、予約が15％もアップしたそうだ。それに、丁寧に運転するとガソリンの消費量も減り、環境にも優しい。そう考えると、これは②素晴らしいアイディアなのではないだろうか。

34 このタクシー会社が調査をして、わかったことはどのようなことか。

1　急ぐことが利用者へのサービスになると思っている運転手が多い。
2　スピードを急に上げたり、前の車を追い越したりする運転手が多い。
3　運転手は丁寧な運転をしてくれていると考えている利用者が多い。
4　ゆっくり運転してもらいたいと思ったことがある利用者が多い。

35 ①驚きましたとあるが、なぜ驚いたのか。

1　アンケートで、満足している利用者が思った以上に多いことがわかったから
2　アンケートに答えてくれた利用者が、期待したよりずっと多かったから
3　アンケートを行っても、利用者の本当の希望はわからなかったから
4　アンケートでわかった利用者の希望が、予想と違っていたから

36 このタクシー会社が、ボタンを使って利用者の希望を聞けるようにしたのはなぜか。

1　運転手に直接希望を言いにくいと感じている利用者が多いようだから
2　運転中に利用者の声がよく聞こえない運転手が多いようだから
3　ボタンをつけてほしいという希望を持つ利用者が多いようだから
4　利用者となるべく話をしたくないと考える運転手が多いようだから

37 ②素晴らしいアイディアとあるが、この文章を書いた人は、なぜそのように言っているのか。

1　利用者は多少減ってしまうが、環境に優しいサービスだから
2　会社と利用者がいっしょに考えた、環境に優しいサービスだから
3　利用者、会社の両方にいい点があり、環境にも優しいサービスだから
4　会社の支出は増えるが、利用者や環境に優しいサービスだから

問題7 右のページは、動物園のポスターである。これを読んで、下の質問に答えなさい。答えは、1・2・3・4から最もよいものを一つえらびなさい。

[38] 今日は日曜日である。ソフィさんは14時に入園し、このポスターを見た。動物園が昼間に行っている案内や教室の中で、今から参加できるものはどれか。

1　Aだけ
2　AとB
3　AとBとC
4　BとD

[39] カクさんは8月9日の昼に動物園に来て、園内でポスターを見て、その日の「夜の動物園」も見たくなった。「夜の動物園」を見るために、カクさんがしなければならないことはどれか。

1　17時半までに、もう一度入園する。
2　昼とは別に入園料を払って、もう一度入園する。
3　東口から、もう一度入園する。
4　外で食事をすませてから、もう一度入園する。

大原動物園をもっと楽しむために

昼のイベント

いろいろなイベントに参加して、動物のことをもっとよく知ってください。

A 動物園案内	B 動物教室
専門の係の説明を受けながら、動物園の中を歩きます。必要時間は約1時間です。 毎日3回 ①10時半～、②14時半～、③16時～	普段知ることのできない、動物たちの生活について話を聞くことができます。 毎週日曜 13時半～15時 （途中からでも参加できます）
C 台所見学	D 川の生き物教室
動物たちのえさを準備しているところが見られます。必要時間は約45分～1時間です。 毎週土曜 14時半～	川の生き物に実際に触ったりしながら、楽しく学べます。 毎週火曜、木曜　15時～16時 毎週土曜　13時～14時 毎週日曜　11時～12時

申し込み、参加料金 すべて不要
集合場所A、C、D：正面口　　B：資料館1階受付（途中参加の人も）

夜の動物園

昼とは違う、夜の動物たちの様子を見てください。

日時　　8月2日、9日、16日、23日、30日
　　　　各日17時半～21時（入園は19時半まで）

入園料　昼と同じ入園料がかかります。
　　　　昼の最終入園時間（16時半）までに入園された方は、17時の閉園時に一度園の外に出て、17時半に夜の動物園が開園後、もう一度入園料を支払って入園していただく必要があります。

入り口　東口は17時で閉めますので、正面口からお入りください。

レストラン、売店　営業しています。

Listening

問題用紙

N3
ちょうかい
聴解
(40分)

注意 Notes

1. 試験が始まるまで、この問題用紙を開けないでください。
   Do not open this question booklet until the test begins.

2. この問題用紙を持って帰ることはできません。
   Do not take this question booklet with you after the test.

3. 受験番号と名前を下の欄に、受験票と同じように書いてください。
   Write your examinee registration number and name clearly in each box below as written on your test voucher.

4. この問題用紙は、全部で14ページあります。
   This question booklet has 14pages.

5. この問題用紙にメモをとってもかまいません。
   You may make notes in this question booklet.

受験番号 Examinee Registration Number	
名前　Name	

聴解 ― 1

問題1

問題1では、まず質問を聞いてください。それから話を聞いて、問題用紙の1から4の中から、最もよいものを一つえらんでください。

れい

1　8時45分
2　9時
3　9時15分
4　9時30分

1ばん

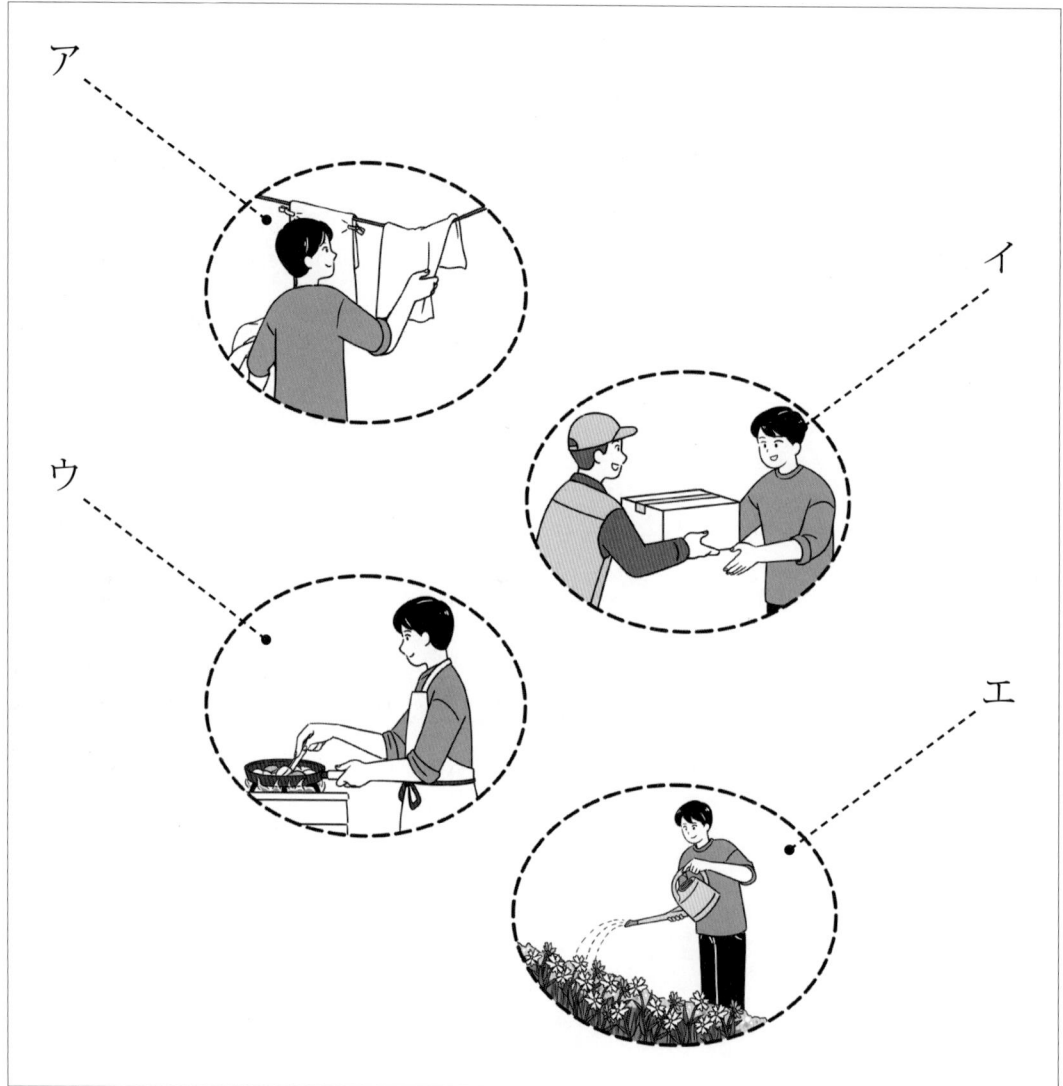

1 ア ウ
2 ア エ
3 イ ウ
4 イ エ

2ばん

1 水曜日(すいようび)
2 木曜日(もくようび)
3 金曜日(きんようび)
4 土曜日(どようび)

3ばん

1 さんかしゃを　かくにんする
2 店(みせ)に電話(でんわ)する
3 メールをかくにんする
4 ないようを決(き)める

4ばん

1　セミナーにもうしこむ
2　テストをうける
3　けいじばんを見る
4　さんかひをふりこむ

5ばん

1　ちょうさけっかを入力する
2　サンプルをしてんに送る
3　かいぎのじゅんびをする
4　大野さんに仕事をたのむ

6ばん

1 たいそう教室にもうしこむ
2 DVDを買う
3 びょういんに行く
4 スポーツクラブに行く

問題2

問題2では、まず質問を聞いてください。それから問題用紙を見てください。読む時間があります。それから話を聞いて、問題用紙の1から4の中から、最もよいものを一つえらんでください。

れい

1　いそがしくて時間がないから
2　料理がにがてだから
3　ざいりょうが　あまってしまうから
4　いっしょに食べる人がいないから

1ばん

1 気に入ったのがなかったから
2 今すぐ買うひつようが　なくなったから
3 ねだんが高かったから
4 おっといっしょに　えらびたかったから

2ばん

1 年をとってからの生活のため
2 家を買うため
3 海外旅行をするため
4 りゅうがくするため

3ばん

1　ペットをびょういんにつれて行くから
2　母がけがをしたから
3　アルバイトに行くから
4　クラブの話し合いがあるから

4ばん

1　サラさんの友人に教えてもらう
2　テレビを見て自分で勉強する
3　インターネットでレッスンをうける
4　外国語の学校に通う

5ばん

1 朝食のメニューが売れていない
2 近所の人があまり来てくれない
3 こんでいてもせきを空けないきゃくがいる
4 ことばづかいがよくない店員がいる

6ばん

1 せんぱいにしりょうを見せる
2 ちょうさをしなおす
3 しりょうにグラフをくわえる
4 はっぴょうのながれを　かえる

問題3

問題3では、問題用紙に何もいんさつされていません。この問題は、ぜんたいとしてどんなないようかを聞く問題です。話の前に質問がありません。まず話を聞いてください。それから、質問とせんたくしを聞いて、1から4の中から、最もよいものを一つえらんでください。

― メモ ―

問題4

問題4では、えを見ながら質問を聞いてください。やじるし(➡)の人は何と言いますか。1から3の中から、最もよいものを一つえらんでください。

れい

1ばん

2ばん

3ばん

4ばん

問題 5

問題5では問題用紙に何もいんさつされていません。まず文を聞いてください。それから、そのへんじを聞いて、1から3の中から、最もよいものを一つえらんでください。

― メモ ―

聴解

日本語能力試験

JLPT
공식 Ver2.0
문제집
N3

정답 및 해설

正答表

●言語知識（文字・語彙）

問題1

1	2	3	4	5	6	7	8
4	2	1	3	2	4	3	1

問題2

9	10	11	12	13	14
4	3	3	2	1	4

問題3

15	16	17	18	19	20	21	22	23	24	25
2	4	1	3	1	3	2	4	4	1	2

問題4

26	27	28	29	30
4	1	3	1	2

問題5

31	32	33	34	35
3	2	2	1	3

●言語知識（文法）・読解

問題1

1	2	3	4	5	6	7	8	9	10	11	12	13
2	4	3	1	4	2	3	2	3	1	2	4	1

問題2

14	15	16	17	18
2	4	2	1	3

問題3

19	20	21	22	23
3	4	1	3	2

問題4

24	25	26	27
3	2	4	1

問題5

28	29	30	31	32	33
2	3	4	3	4	1

問題6

34	35	36	37
4	4	1	3

問題7

38	39
2	2

● 聴解
ちょうかい

問題1

例	1	2	3	4	5	6
1	2	3	1	2	1	2

問題2

例	1	2	3	4	5	6
4	2	4	1	1	3	4

問題3

例	1	2	3
1	3	4	2

問題4

例	1	2	3	4
1	1	2	3	3

問題5

例	1	2	3	4	5	6	7	8	9
2	1	3	2	1	1	3	2	1	2

1교시 언어지식(문자·어휘)

p17

問題1 / 문제1

_____ のことばの読み方として最もよいものを、1·2·3·4から一つえらびなさい。

_____ 의 단어 읽는 법으로서 가장 적당한 것을 1·2·3·4에서 하나 고르시오.

---

1 정답 4 　　　품사 ▶ 명사

会場(かいじょう)には大勢(おおぜい)の観客(かんきゃく)がいた。

회장에는 많은 관객이 있었다.

해설 JLPT N3 한자 읽기 파트에서는 탁음이나 장음의 유무 등을 묻는 문제가 자주 출제되며, 과거출제 되었던 어휘가 반복해서 출제되는 경우도 많으니, 기출 어휘는 꼭 암기해 두자. 「볼 관 観」은 음독으로 「かん」으로 읽으며, 「손 객 客」은 음독으로 「きゃく」라고 읽는다. 탁음이 붙지 않는다는 점에 주의하자. 「손 객 客」은 음독으로 「かく」로 읽는 경우도 있는데, N3까지의 어휘에는 「かく」로 읽는 단어는 출제되지 않는다.

빈출 各地(かくち)(각지) | 各駅(かくえき)(각역) | 広告(こうこく)(광고)

어휘 会場(かいじょう)(회장) | 大勢(おおぜい)(많은 사람, 여럿) | 観客(かんきゃく)(관객)

---

2 정답 2 　　　품사 ▶ 동사

田村(たむら)さんが払(はら)ってくれました。

다무라 씨가 지불해 주었습니다.

해설 동사 읽기 문제는 1문제 이상 반드시 출제되며, JLPT N3 레벨에서 새롭게 학습하는 동사를 위주로 출제된다. 문제를 해석하거나 문맥에 의지해서 풀 수 없으므로, 필수 학습 한자 위주로 정리해 두는 것이 좋다. 「払(はら)う」는 '금전을 건네다, 돈을 지불하다'라는 의미를 나타내는 동사이다.

오답 1 配(くば)る(나누어주다, 배분하다)　3 飾(かざ)る(장식하다)　4 拾(ひろ)う(줍다)

빈출 移(うつ)す(옮기다) | 示(しめ)す(제시하다) | 生(は)える(나다) | 割(わ)れる(깨지다) | 助(たす)ける(돕다, 구조하다) | 預(あず)ける(맡기다)

어휘 払(はら)う(지불하다) | ~てくれる(~해 주다)

---

3 정답 1 　　　품사 ▶ 명사

ホテルには3時ごろ到着(とうちゃく)します。

호텔에는 3시 무렵 도착합니다.

해설 「이를 도 到」는 음독으로 「とう」라고 읽는다. 훈독으로 「到(いた)る(이르다, 도달하다)」로 읽기도 한다. 「붙을 착 着」은 음독으로는

「ちゃく」로 읽으며, 훈독으로는 「着く(도착하다)」 또는 「着る(입다)」로 읽는다. 음독, 훈독 모두 자주 출제되는 단어이니 꼭 기억해 두자.

빈출   空席(공석) ǀ 平日(평일) ǀ 応募(응모) ǀ 商品(상품) ǀ 予約(예약)

어휘   ホテル(호텔) ǀ ごろ(~무렵, 경) ǀ 到着(도착)

4   정답 3   품사 ▶ 동사

山下さんが説明を加えました。

야마시타 씨가 설명을 더했습니다.

해설 「더할 가 加」는 음독으로 「か」로 읽고, 훈독으로는 「加える」라고 읽는다. 선택지에 나온 단어들도 포함해 JLPT N3 문자·어휘 파트에서 자주 출제되는 단어들이니 꼭 암기해 두자.

오답   1 伝える(전하다, 전달하다)   2 終える(끝내다)   4 帰る(집에 돌아가다)

빈출   表す(나타내다) ǀ 覚える(기억하다, 외우다) ǀ 疑う(의심하다) ǀ 遊ぶ(놀다) ǀ 逃げる(피하다, 도망치다)

어휘   説明(설명) ǀ 加える(더하다, 보태다)

5   정답 2   품사 ▶ 명사

今から訓練を行います。

지금부터 훈련을 실시합니다.

해설 「가르칠 훈 訓」은 음독으로는 「くん」으로 읽는다. 탁음이 없다는 점을 잘 기억해 두자. 「익힐 련 練」은 음독으로 「れん」으로 읽는다. 「練習(연습)」 등의 단어도 함께 기억해 두자.

오답   1 訓令(훈령)   3 軍令(군령)

빈출   値段(가격) ǀ 分類(분류) ǀ 計算(계산) ǀ 種類(종류)

어휘   今(지금) ǀ 訓練(훈련) ǀ 行う(행하다, 실시하다)

6   정답 4   품사 ▶ 명사

この豆はスープに使うといいですよ。

이 콩은 스프에 사용하면 좋아요.

해설 JLPT N3 레벨에서는 일상생활에서 사용하는 기본적인 한자 명사가 많이 출제된다. 출제되는 범위는 한정적이나, 따로 암기해 두지 않으면, 한자 읽는 법을 유추해 낼 수 없는 단어가 대부분이니 주의하자. 「콩 두 豆」는 음독으로는 「とう」로 읽고, 훈독으로는 「まめ」라고 읽는다.

| 오답 | 1 粉(가루) | 2 芋(감자) | 3 貝(조개) |

| 빈출 | 息(숨, 호흡) | 岩(바위) | 島(섬) | 根(뿌리) | 汗(땀) | 塩(소금) | 裏(뒤, 안) | 角(모퉁이) | 秒(초) |

| 어휘 | スープ(수프) | 使う(사용하다) | 동사 사전형 + といい(하면 좋다, ~하면 된다) |

---

7 정답 3 　　　　　　　　　　　　　　　　　　　　　　　　　품사 　명사

社会には共通のルールがあります。

사회에는 공통의 규칙이 있습니다.

| 해설 | 「한가지 공 共」은 음독으로 「きょう」로 읽는다. 「통할 통 通」은 음독으로 「つう」로 읽는다. 「통할 통 通」은 「お通夜(장례식장에서 밤을 샘)」를 제외하고는 「つ」로 읽지 않으니, 「通」로 기억해 두면 된다.

| 오답 | 2 交通(교통) |

| 빈출 | 通勤(통근) | 広場(광장) | 呼吸(호흡) | 高価(고가) |

| 어휘 | 社会(사회) | 共通(공통) | ルール(룰, 규칙) |

---

8 정답 1 　　　　　　　　　　　　　　　　　　　　　　　　　품사 　명사

来年から税金が上がるそうだ。

내년부터 세금이 오른다고 한다.

| 해설 | 「세금 세 税」는 음독으로는 「ぜい」로 읽는다. 음독으로만 읽는 단어이다. 「성 김 金」은 음독으로 「きん」이라고 읽고, 훈독으로 「かね」라고 읽는다. JLPT N3에서는 '음독+훈독' 조합으로 읽는 난독한자는 많이 출제되지 않으니 '음독+음독' 조합을 기억해 두면 좋다.

| 오답 | 4 接近(접근) |

| 빈출 | 完成(완성) | 文章(문장) | 自然(자연) | 郵便(우편) | 調査(조사) |

| 어휘 | 来年(내년) | 税金(세금) | 上がる(오르다) | そうだ(~라고 한다) |

問題2	____ のことばを漢字で書くとき、最もよいものを1・2・3・4から一つえらびなさい。
문제2	____ 의 단어를 한자로 쓸 때, 가장 좋은 것을 1・2・3・4에서 하나 고르시오.

정답 및 해설(문자·어휘)

9 정답 4 　　품사: 명사

しばらく、きれいな**なみ**を見ていた。

잠시, 예쁜 **파도**를 보고 있었다.

해설 표기 파트는 한자나 어휘의 정확한 의미를 묻는 문제가 출제된다. 밑줄 부분만 보고 한자를 찾을 수 있는 경우도 있지만, 비슷하게 생긴 한자들의 함정에 빠지지 않도록, 문장을 다 읽고 의미를 파악해 두는 것이 좋다. 「なみ」는 '파도'라는 의미로 한자로는 「波」로 표기한다. 오답 단어들도 JLPT N3 레벨에서 자주 출제되는 단어이니 함께 기억해 두자.

오답 1 池(연못)　2 湖(호수)　3 港(항구)

빈출 緑(녹색) | 葉(잎) | 空(하늘) | 胃(위)

어휘 しばらく(잠시, 잠깐) | きれいだ(예쁘다, 깨끗하다) | 波(파도) | 見る(보다)

10 정답 3 　　품사: い형

もう少し**はやく**歩きましょう。

조금 더 **빨리** 걸어요.

해설 「はやい」는 '빠르다'는 의미인데, '속도나 스피드가 빠르다'는 것을 나타낼 때는 「速い」를 사용하며, '시간이 빠르다, 이르다'는 것을 나타낼 때는 「早い」를 사용한다. 이 문제에서는 '조금 더 빨리 걸읍시다' 즉, '걷는 속도를 빠르게 하자'는 의미로 사용되고 있으므로 「速い」가 정답이다. 의미에 따라 한자를 구분하여 사용하는 단어의 경우, 간단한 예문을 함께 암기해 두면 좋다.

오답 1 軽い(가볍다)　2 急ぐ(서두르다)　4 進む(진행하다)

빈출 温かい(따뜻하다) | 細かい(자세하다, 상세하다) | 低い(낮다) | 易しい(쉽다)

어휘 もう少し(조금 더) | 速い(빠르다) | 歩く(걷다) | ~ましょう(~합시다, ~하자)

11 정답 3 　　품사: 명사

わたしは今の生活に**まんぞく**している。

나는 지금의 생활에 **만족**하고 있다.

해설 「まんぞく」는 '만족'이라는 의미로 한자로는 「満足」라고 표기한다. 「발 족 足」에는 '족하다, 충분하다'라는 의미가 있으며, 「찰 만 満」은 '가득차다, 풍족하다'라는 의미가 있다. 「일만 만 万」은 수를 셀 때 사용하는데, '완전하다'라는 의미도 있다.

빈출 関心(관심) | 記念(기념) | 観察(관찰) | 薬局(약국)

어휘 わたし(나) | 生活(생활) | 満足(만족)

12 정답 2 품사 동사

父は腕を**くんで**何か考えていた。

아빠는 팔짱을 <u>끼고</u> 무언가 생각하고 있었다.

해설 「くむ」는 '끼다, 짜다'라는 의미가 있으며, 「腕を組む」에는 '팔짱을 끼다'라는 의미가 있다. 관용어나 숙어처럼 사용되는 단어는 따로 정리해서 암기해 두면 문제를 푸는 시간을 절약할 수 있다.

오답 1 接する(접하다) 3 折る(접다) 4 結ぶ(잇다, 매다, 묶다)

빈출 重ねる(겹치다) | 現れる(나타나다) | 投げる(던지다) | 冷える(차가워지다) | 泊まる(숙박하다, 머무르다)

어휘 父(아빠) | 腕(팔) | 組む(팔짱을 끼다, 짜다, 꼬다) | 何か(무언가) | 考える(생각하다)

13 정답 1 품사 명사

この国は主に米を**ゆしゅつ**している。

이 나라는 주로 쌀을 <u>수출</u>하고 있다.

해설 「ゆしゅつ」는 '수출'이라는 의미로, 한자로는 「輸出」라고 표기한다. 「논할 론 論」, 「바퀴 륜 輪」, 「타이를 유 諭」 등의 한자와 헷갈리기 쉬우니 주의하자.

빈출 容器(용기) | 右折(우회전) | 停電(정전) | 心配(걱정, 근심)

어휘 国(나라) | 主に(주로) | 米(쌀) | 輸出(수출)

14 정답 4 품사 동사

赤ちゃんが母親に抱かれて**ねむって**います。

아기가 엄마에게 안겨서 <u>잠자고</u> 있습니다.

해설 「ねむる」는 '잠자다'라는 의미로, 한자로는 「眠る」라고 표기한다. 「눈 안 眼」과 헷갈리기 쉬우니 주의하자. 「寝る(잠자다)」는 '자려고 누워 있는 상태'를 나타내며, 「眠る(잠자다)」는 '깊이 수면에 빠져 무의식인 상태'를 나타낸다.

오답 1 寝る(자다) 2 宿る(묵다, 숙박하다) 3 眼(눈)

빈출 焼く(태우다, 불을 붙이다) | 疲れる(지치다, 피곤하다) | 困る(곤란하다) | 吸う(들이마시다)

어휘 赤ちゃん(아기) | 母親(모친, 엄마) | 抱く(안다) | 眠る(잠자다)

> 問題3 （　）に入れるのに最もよいものを、1・2・3・4から一つえらびなさい。
> 문제3 （　）에 넣는데 가장 적당한 것을 1・2・3・4에서 하나 고르시오.

15 정답 2 〔품사: 명사〕

> この紙は、ぬれても破れにくいという（特長）があります。
>
> 이 종이는 젖어도 찢어지기 어렵다는 (특징)이 있습니다.

해설 문맥 규정 파트는 문맥에 맞는 단어를 골라야 하므로, 문장을 먼저 읽고 문맥을 파악한 뒤에 적당한 단어를 고르는 것이 좋다. 모르는 단어가 있어도, 문맥을 잘 파악하면 정답을 고를 수 있으나, 문항수가 많으니 소거법을 사용하며 빠르게 풀어 나가는 것이 좋다. 이 문제에서는 "이 종이는 젖어도 찢어지기 어렵다"는 "종이의 특징"에 대해서 설명하고 있으므로 정답은 2번 「特徴(특징)」이다.

오답 1 実力(실력)　3 専門(전문)　4 主張(주장)

빈출 最新(최신) | 代金(대금) | 渋滞(정체) | 合計(합계)

어휘 紙(종이) | ぬれる(젖다) | 破れる(찢어지다) | ～しにくい(~하기 어렵다) | ～という(~라는)

16 정답 4 〔품사: 가타카나〕

> 佐藤さんには、おとなしい（イメージ）があるが、本当は活動的な人らしい。
>
> 사토 씨에게는, 얌전한 (이미지)가 있지만, 정말은 활동적인 사람이라고 한다.

해설 괄호 뒤에 역접의 접속사「～があるが(~가 있지만)」가 있으므로, 앞 부분과 뒷 부분에 반대, 혹은 상반되는 이야기가 나와야 하는데, 문맥상 "얌전해 보이지만, 정말은 활동적인 사람이다"는 의미가 되어야 하므로, 정답은 4번「イメージ(이미지)」가 된다.

오답 1 ヒント(힌트)　2 タイトル(타이틀)　3 アイディア(아이디어)

빈출 カタログ(카탈로그) | リサイクル(리사이클, 재활용) | キャンセル(캔슬, 취소) | マナー(매너) | レシピ(레시피)

어휘 おとなしい(얌전하다) | 本当(정말) | 活動的(활동적) | ～らしい(~라고 한다, ~인 것 같다)

17 정답 1

품사: 동사

正月には親戚が集まって、みんなでテーブルを（囲み）、楽しく食事をした。

정월에는 친척이 모여서, 모두가 테이블을 (둘러싸고), 즐겁게 식사를 했다.

해설 「囲む」는 '둘러싸다, 에워싸다'라는 의미인데, 문맥상 "테이블을 둘러싸고 즐겁게 식사를 했다"라는 의미가 되어야 자연스러우므로 정답은 1번 「囲む(둘러싸다)」가 된다. 「包む(싸다)」는 '감싸듯이 물건을 휘감다'는 의미이며, 「通す(통하다, 통과하다)」는 '한쪽에서 다른 쪽으로 관통하게 하다'는 의미이므로 오답이다.

오답 2 通す(통하게 하다) 3 包む(싸다, 감싸다) 4 越える(넘다)

빈출 しばる(묶다) | 迷う(~헤매다) | 振る(흔들다)

어휘 正月(정월) | 親戚(친척) | 集まる(모이다) | みんなで(모두 다, 모두 함께) | テーブル(테이블) | 囲む(둘러싸다) | 楽しい(즐겁다) | 食事(식사)

18 정답 3

품사: 부사

このレストランの料理はおいしくないので、店内はいつも（がらがら）だ。

이 레스토랑 요리는 맛있지 않기 때문에 가게는 언제나 (텅텅 비어 있)다.

해설 부사나 의성어 의태어는 한자 등으로 의미를 유추할 수 없으므로, 자주 출제되는 단어를 중심으로 정리하여 암기해 두자. 「がらがら(텅텅)」은 '내부에 아무것도 없는 모습'을 나타내며, '아주 마른 모습'을 나타내기도 한다. 앞 문장에서 "이 레스토랑 요리는 맛있지 않다"고 했으므로, 문맥상 자연스러운 것은 3번이 된다.

오답 1 ふらふら(비틀비틀) 2 ぐっすり(푹) 4 うっかり(깜빡)

빈출 どきどき(두근두근) | ぶらぶら(어슬렁어슬렁) | ばらばら(뿔뿔이) | ぴったり(딱 맞는)

어휘 レストラン(레스토랑) | 料理(요리) | 美味しい(맛있다) | 店内(가게 안) | いつも(언제나, 늘, 항상) | がらがら(텅텅 빈)

19 정답 1

품사: 명사

高田さんが引っ越すという（うわさ）を聞いたが、本当かどうか気になる。

다카다 씨가 이사한다는 (소문)을 들었는데, 진짜인지 아무래도 신경이 쓰인다.

해설 공란 앞에「引っ越すという(이사한다는)」이라는 전문이 제시되어 있으므로, 문맥상 '다른 사람에게 들었다'는 것과 맞는 내용이 나와야 한다. 따라서, 1번「うわさ(소문)」가 들어가야 자연스럽다. 「冗談(농담)」은 '장난으로 하는 얘기나 내용'을 나타내므로 문맥과 맞지 않아 오답이다.

오답 2 宣伝(선전) 3 うそ(거짓말) 4 冗談(농담)

빈출 あわ(거품) | ながれ(흐름) | くせ(버릇) | あくび(하품) | しみ(얼룩)

어휘 引っ越す(이사하다) | うわさ(소문) | 聞く(듣다) | 本当かどうか(진짜인지 어떤지) | 気になる(신경이 쓰이다)

20 정답 3
품사 동사

父から借りた本をなくしてしまったので謝ったら、父はすぐに（**許して**）くれた。

아빠에게서 빌린 책을 잃어 버려서 사과했더니, 아빠는 바로 (**용서해**) 주었다.

해설 「～てくれる」는 '남이 나에게 ~해 주다'는 의미를 나타내는 문형으로, 문맥상 '아버지가 나에게 용서를 해 주었다'는 문장이 이어져야 자연스러우므로 정답은 3번 「許して(용서해)」이다.

오답 1 従う(따르다)   2 守る(지키다)   4 抑える(누르다, 억누르다)

빈출 話し合う(서로 이야기하다, 논의하다) | かれる(시들다) | 引き受ける(떠맡다) | 取り消す(취소하다)

어휘 借りる(빌리다) | ほん(책) | なくす(잃어버리다) | 謝る(사과하다) | すぐに(곧, 바로) | 許す(용서하다)

21 정답 2
품사 명사

パソコンの前でずっと同じ（**姿勢**）でいたので、体が痛くなった。

컴퓨터 앞에서 쭉 같은 (**자세**)로 있었기 때문에, 몸이 아파졌다.

해설 문맥상 "컴퓨터 앞에서 앉아 있어서 몸이 아파졌다"는 의미가 되어야 하므로 정답은 2번 「姿勢(자세)」가 된다. 「姿勢(자세)」는 '몸을 취하는 방식'이라는 의미이며, 「様子」는 '외부에서 봐서 알 수 있는 일의 상황, 상태' 라는 의미이므로 이 문제에서는 사용할 수 없다.

오답 1 様子(모습)   3 印象(인상)   4 間隔(간격)

빈출 偶然(우연) | 配達(배달) | 芸術(예술) | 乾燥(건조)

어휘 パソコン(컴퓨터) | ずっと(쭉, 늘) | 同じ(같은) | 姿勢(자세) | 体(몸) | 痛い(아프다)

22 정답 4
품사 동사

申込書に間違いがないか、よく（**たしかめて**）から受付に出した。

신청서에 잘못이 없는지, 잘 (**확인하고**) 나서 접수에 냈다.

해설 문맥상 "신청서에 잘못이 없는지 잘 확인하고 접수했다"라는 흐름이 되어야 자연스러우므로 정답은 4번 「たしかめて(확인하고)」이다. 「見つめる(응시하다, 바라보다)」는 '대상에서 시선을 떼지 않고 가만히 계속 보다, 응시하다'라는 의미로 가만히 멀리서 대상을 바라본다는 것을 나타내므로 오답이 된다.

오답 1 くりかえす(반복하다, 되풀이 하다)   2 気にする(신경을 쓰다)   3 見つめる(바라보다, 응시하다)

빈출 付き合う(교류하다, 교제하다) | 追い越す(앞지르다, 추월하다) | 身につける(익히다) | あふれる(흘러 넘치다) | 頼る(의지하다) | 編む(짜다, 뜨다) | 隠す(숨기다, 감추다)

어휘 申込書(신청서) | 間違い(잘못, 틀림) | よく(자주) | たしかめる(확인하다) | 受付(접수) | 出す(내다, 제출하다)

23 정답 4   품사 ▶ 명사

わたしのふるさとは（ 農業 ）が盛んで、米や野菜をたくさん作っています。

내 고향은 (농업)이 활발해서, 쌀이나 채소를 많이 만들고 있습니다.

해설 "쌀이나 채소를 많이 만들고 있다"는 부분과 내용상 연결되어야 하므로, 정답은 4번의 「農業(농업)」이 된다. 「作物(작물)」은 '논이나 밭에 만드는 식물, 곡류나 야채 등'을 나타내는데, 「作物ができる(작물을 만들다)」「作物を育てる(작물을 키우다)」처럼 표현하며, 「自然(자연)」은 「自然が豊かだ(자연이 풍요롭다)」처럼 사용한다.

오답 1 自然(자연)   2 資源(자원)   3 作物(작물)

빈출 栄養(영양) | 影響(영향) | 物価(물가) | 演奏(연주)

어휘 ふるさと(고향) | 農業(농업) | 盛んだ(활발하다,왕성하다) | 野菜(야채, 채소) | たくさん(많이) | 作る(만들다)

24 정답 1   품사 ▶ 동사

水に浮いていた木の葉が、しばらくすると水の中に（ しずんで ）しまった。

물에 떠 있던 나무 잎이, 조금 지나자 물 속에 (가라앉아) 버렸다.

해설 "물 위에 떠 있던 나무 잎이 잠시 지나"라는 문맥상 '가라앉다'가 들어가야 자연스러우므로 정답은 1번 「しずんで(가라앉아)」가 된다. 「おぼれる(물에 빠지다)」는 '수영을 못해 죽을 것 같이 되다, 물 속에 빠져서 죽다'는 의미로 단순히 물건 등이 물 속에 가라앉았을 때는 사용하지 못하므로 오답이다.

오답 2 転ぶ(구르다, 넘어지다)   3 倒れる(쓰러지다)   4 溺れる(물에 빠지다)

빈출 しまう(넣다) | 延ばす(기간 등을 늘리다, 연기하다) | 覚める(정신을 차리다, 잠에서 깨다) | 交ざる(섞이다)

어휘 水(물) | 浮く(뜨다) | 木の葉(나무 잎) | しばらくする(잠시 지나다) | 中(안) | 沈む(가라앉다) | ~てしまう(~해 버리다)

25 정답 2   품사 ▶ 명사

この話は誰にも言わずに、ずっと（ 内緒 ）にしていた。

이 이야기는 아무에게도 이야기하지 않고, 쭉 (비밀)로 하고 있었다.

해설 "아무에게도 이야기하지 않고"라는 문맥상 정답은 2번 「内緒(비밀)」가 된다. 「内緒(비밀)」은 "겉에 드러내지 않고 끝내는 것, 다른 사람에게 들리지 않도록 몰래 하는 이야기"라는 의미를 나타낸다. 안쪽이나 뒤에서 이야기 하는 것이 아니고 '몰래' 이야기 하다는 내용이 되어야 자연스러우므로 1번과 3번은 오답이 된다.

오답 1 裏側(뒤쪽,안쪽)   3 後方(후방)   4 中身(속, 알맹이)

빈출 原料(원료) | 検査(검사) | 清潔(청결) | 交換(교환)

어휘 話(이야기) | 誰にも(누구에게도, 아무에게도) | 内緒(비밀)

問題4	_____ に意味が最も近いものを、1・2・3・4から一つえらびなさい。
문제4	_____ 에 의미가 가장 가까운 것을 1・2・3・4에서 하나 고르시오.

26 정답 4　　　　　　　　　　　　　　　　　　　　　　　　　　　　　　　품사 ▶ 동사

水の表面が<u>かがやいて</u>います。

물 표면이 <u>빛나고</u> 있습니다.

해설 유의 표현 파트에서는 밑줄 부분의 단어와 비슷한 의미의 단어를 찾아야 하는데, 단순히 밑줄 부분의 유의어를 찾는 것이 아니고, 전체 문맥이 동일한 의미가 되어야 한다는 점에 주의하자.

「かがやく(빛나다)」는 '눈이 부시도록 빛난다, 반짝반짝 빛난다, 빛을 발하다'는 의미인데, 가장 의미가 가까운 단어는 4번 「光る(빛나다)」이다. 「光る(빛나다)」는 '빛을 발하다'는 의미를 나타낸다.

오답 1 止まる(멈추다)　2 揺れる(흔들리다)　3 汚れる(더러워지다)

빈출 暗記する(암기하다) | ふれる(만지다) | 済ませる(끝내다) | 駆ける(빠르게 뛰다, 달리다) | くたびれる(지치다)

어휘 表面(표면) | 輝く(빛나다)

27 정답 1　　　　　　　　　　　　　　　　　　　　　　　　　　　　　　　품사 ▶ 동사

その知らせを聞いたとき、わたしはとても<u>がっかりした</u>。

그 소식을 들었을 때, 나는 매우 <u>실망했다</u>.

해설 「がっかりする(실망하다)」는 '기대나 희망이 없어져서 기분이 가라앉는 모습'을 나타내는 표현으로, 가장 의미가 가까운 것은 1번 「残念だと思う(안타깝다고 생각하다)」가 된다. 「驚く(놀라다)」는 '의외나 예상 외의 일을 만나 마음에 충격을 받거나 마음에 동요를 일으키는 것'을 나타낸다.

오답 2 うれしい(기쁘다)　3 驚く(놀라다)　4 安心する(안심하다)

빈출 黙る(침묵하다, 말을 하지 않다) | 納得する(납득하다) | 欠点(결점) | 信じる(믿다) | 怒鳴る(호통치다) | あわてる(당황하다) | 混雑する(혼잡하다)

어휘 知らせ(알림, 소식) | とても(매우) | がっかりする(실망하다)

| 28 | 정답 3 | | 품사 | な형 |

留学生活に不安は当然ありました。

유학생활에 불안은 당연히 있었습니다.

해설 「当然(당연)」은 '그렇게 되는 것이 당연한, 도리에 맞는'을 나타내는 표현으로 가장 비슷한 것은 3번의 「もちろん(물론)」이 된다.

오답 1 いろいろ(여러가지, 다양한) 2 少し(조금) 4 いつも(언제나)

빈출 短気(성미가 급한) | 得意(잘하는) | 退屈(지루한, 따분한) | 普段(평소)

어휘 留学(유학) | 生活(생활) | 不安(불안) | 当然(당연)

| 29 | 정답 1 | | 품사 | 동사 |

パーティーの料理があまりました。

파티 요리가 남았습니다.

해설 「あまる」는 '남다'라는 의미로 가장 의미가 비슷한 것은 1번 「多すぎて残る(너무 많아서 남다)」가 된다.

오답 2 少し足りない(조금 부족하다) 3 とてもおいしい(매우 맛있다) 4 そんなにおいしくない(그다지 맛있지 않다)

빈출 あたえる(주다, 부여하다) | さぼる(빼먹다, 게으름 피우다) | しゃべる(수다를 떨다) | 協力する(협력하다) | まぶしい(눈이 부시다) | 決まり(결정)

어휘 パーティー(파티) | 料理(요리) | あまる(남다)

| 30 | 정답 2 | | 품사 | 명사 |

ここは横断禁止です。

여기는 횡단 금지입니다.

해설 「横断禁止(횡단금지)」와 가장 비슷한 표현은 2번 「渡ってはいけません(건너서는 안됩니다)」이다. 「横断(횡단)」은 '도로 등을 가로지르는 것'을 나타내며 「道路を渡る(길을 건너다)」라는 의미이다. 한자 읽기 파트에서도 자주 출제되는 단어이니 읽는 법과 함께 한자도 꼭 기억해 두자.

오답 1 座ってはいけない(앉아서는 안되다) 3 走ってはいけない(뛰어서는 안되다) 4 入ってはいけない(들어가서는 안되다)

빈출 回収する(회수하다) | やり直す(다시하다) | 次第に(차츰, 점차) | 詳しい(자세하다, 상세하다)

어휘 ここ(여기) | 横断(횡단) | 禁止(금지) | ~てはいけない(~해서는 안 되다)

問題5	つぎのことばの使い方として最もよいものを、1・2・3・4から一つえらびなさい。
문제5	다음 말의 사용법으로서 가장 적당한 것을 1·2·3·4에서 하나 고르시오.

31 정답 3 　　　　　　　　　　　　　　　　　　　　　　　품사 ▶ 부사

1. この料理は電子レンジを使って急にできるので、とても簡単だ。
2. あと10分で電車が出発してしまうので、急に駅に向かった。
3. 部屋から急に人が飛び出してきたので、ぶつかりそうになった。
4. 新しいゲームを買ったので、家に帰って急にやってみた。

1. 이 요리는 전자 레인지를 사용해서 갑작스레 만들어지기 때문에 매우 간단하다
2. 10분 뒤에 전차가 출발해 버리기 때문에 갑작스레 역에 향했다.
3. 방에서 갑자기 사람이 뛰쳐나왔기 때문에 부딪힐 것 같이 되었다.
4. 새로운 게임을 샀기 때문에, 집에 돌아가서 갑자기 해 보았다.

해설 용법 파트에서는 단어의 정확한 의미와 품사를 알고 있는지가 중요하다. 문장 안에서 접속 형태 등이 잘못 쓰인 선택지를 우선 제외해 두면 좋다. 「急に(갑자기)」는 '뜻하지 않게 어떤 일이 갑자기 일어나는 모습'을 나타내며, 올바르게 쓰인 것은 3번이다.

오답 1번은 문맥상 '간단히 만들어지다', 기간을 뒤로 미루다'는 의미가 되어야 하므로 「簡単(간단)」, 2번은 '서둘러서 역에 향했다'가 문맥상 자연스러우므로 「急いで(서둘러서)」, 4번은 '집에 돌아가서 바로 해 봤다'는 의미이므로 「すぐに(바로)」가 들어가야 적당하다.

빈출 お互いに(서로) | だるい(나른하다) | そろそろ(슬슬)

어휘 電子レンジ(전자레인지) | できる(만들어지다, 가능하다) | 簡単だ(간단하다) | あと(~뒤, 나중) | 電車(전차) | 出発(출발) | 駅(역) | 向かう(향하다) | 部屋(방) | 飛び出す(뛰쳐 나가다) | ぶつかる(부딪히다) | 新しい(새롭다) | ゲーム(게임) | 買う(사다) | 帰る(집에 돌아가다)

32 정답 2 　　　　　　　　　　　　　　　　　　　　　　　품사 ▶ 명사

1. 今日は朝からどんどん暑くなり、昼には気温が沸騰した。
2. 鍋のお湯が沸騰したら、とうふを入れて火を少し弱くしてください。
3. 昼ごろから具合が悪くなり、夕方熱が沸騰したので病院へ行った。
4. このストーブは沸騰するのが早いので、すぐに部屋が暖かくなる。

1. 오늘은 아침부터 계속 더워져서, 낮에는 기온이 끓었다.
2. 냄비의 뜨거운 물이 끓으면, 두부를 넣고 불을 조금 약하게 해 주세요.
3. 점심 무렵부터 컨디션이 나빠져서, 저녁에 열이 끓었기 때문에 병원에 갔다.
4. 이 난로는 끓는 것이 빠르기 때문에, 바로 방이 따뜻해진다.

정답 및 해설　77

해설 「沸騰(비등)」은 '물건, 특히 액체가 끓어 오르는 것'이라는 의미로 사물이나 액체에만 사용할 수 있다. 선택지 중 4번은 '난로의 온도가 오르는 것이 빠르다'는 의미이므로 사용할 수 없으며, 가장 올바르게 쓰인 것은 2번이 된다.

오답 1번은 '기온이 올라갔다'는 의미이므로 「上昇(상승)」을 사용해야 하며, 3번은 '열이나다'고 표현하는 것이 자연스러우므로 「出たので(나서)」가, 4번은 '난로가 따뜻해지는 것이 빨라서'라고 표현하는 것이 자연스러우므로 「暖かくなるのが(따뜻해지는 것이)」가 들어가야 자연스럽다.

빈출 発展(발전) | 滞在(체류) | 診察(진찰) | 割引(할인)

어휘 どんどん(자꾸, 계속) | 暑い(덥다) | 昼(낮, 점심) | 気温(기온) | 沸騰(비등, 끓음) | 鍋(냄비) | お湯(뜨거운 물) | とうふ(두부) | 入れる(넣다) | 火(불) | 弱い(약하다) | 具合(몸 상태, 형편) | 夕方(저녁) | 熱(열) | 病院(병원) | 早い(빠르다) | 部屋(방) | 暖かい(따뜻하다)

33 정답 2   품사 명사

1. 今朝は寒かったので、マフラーを首にまげて出かけた。
2. けがは良くなったが、腕を伸ばしたりまげたりすると、まだ少し痛む。
3. 一つのパンを半分にまげて、二人で分けて食べた。
4. シャツをきちんとまげたら、たんすの引き出しにしまってください。

1. 오늘 아침은 추웠기 때문에, 머플러를 목에 구부리고 외출했다.
2. 부상은 좋아졌지만, 팔을 뻗거나 구부리거나 하면, 아직 조금 아프다.
3. 하나의 빵을 반으로 구부려 두 명이 나누어 먹었다.
4. 셔츠를 제대로 구부렸다면 옷장 서랍에 넣어 주세요.

해설 「まげる(구부리다)」는 '똑바로, 곧은 물건을 구부러진 상태로 만들다'는 의미로 가장 올바르게 쓰인 것은 2번이다. 물건을 2개로 나누거나 '감다'라는 의미로 사용할 수 없다.

오답 1번은 '목에 두르다'가 되어야 하므로 「巻いて(감다, 두르다)」가 들어가야 하며, 3번은 '빵을 반으로 나누다'라는 의미이므로 「分けて(나누어)」가 들어가야 자연스럽다. 4번은 '셔츠를 제대로 접다, 개다'는 의미가 되어야 하므로 「たたんだら(개면)」이 들어가야 자연스럽다.

빈출 詰める(가득 채우다) | かき混ぜる(뒤섞다) | 似合う(어울리다) | 断る(거절하다) | 区切る(단락 짓다, 구획 짓다)

어휘 今朝(오늘 아침) | 寒い(춥다) | マフラー(머플러) | 首(목) | 出かける(외출하다) | けが(부상) | 腕(팔) | 伸ばす(뻗다) | 痛む(아프다) | 半分(반, 절반) | 分ける(나누다) | たんす(옷장) | 引き出し(서랍)

34 정답 1   품사 명사

1. 営業のため、来週一週間、課長とアメリカに出張します。
2. 仕事を辞めたら、家族とゆっくり海外に出張したいと思う。
3. わたしは毎朝9時に会社に出張し、残業はしないで家に帰る。
4. あしたは子どもの運動会に出張するので、仕事を休みます。

1. 영업을 위해, 다음 주 일주일, 과장님과 미국에 <u>출장</u> 갑니다.
2. 일을 그만두면, 가족과 느긋하게 해외에 <u>출장</u> 가고 싶다고 생각한다.
3. 나는 매일 아침 9시에 회사로 <u>출장</u> 가고, 잔업은 하지 않고 집에 돌아온다.
4. 내일은 아이 운동회에 <u>출장</u> 가기 때문에, 일은 쉬겠습니다.

해설 「出張(출장)」은 '일 등을 위해 다른 지역이나 장소로 가는 것'을 의미하며 올바르게 쓰인 것은 1번이 된다.

오답 2번은 '일을 그만 둔 후에 가족과 느긋하게 해외에 여행가다'는 의미이므로 「旅行(여행)」이, 3번은 '9시에 회사에 출근한다'는 의미이므로 「出勤(출근)」을 넣으면 자연스럽다. 4번은 '운동회에 참가하다'는 의미가 되어야 하므로 「参加(참가)」가 들어가면 자연스럽다.

빈출 建設(건설) | 進歩(진보) | 指示(지시) | 経由(경유) | 行き先(목적지) | 見本(견본)

어휘 営業(영업) | 来週(다음주) | 課長(과장) | アメリカ(미국) | 出張(출장) | 仕事(일) | 辞める(그만두다) | 家族(가족) | ゆっくり(느긋하게, 천천히) | 海外(해외) | 毎朝(매일 아침) | 会社(회사) | 残業(잔업) | 運動会(운동회) | 休む(쉬다)

---

35 정답 3 　　　　　　　　　　　　　　　　　　　　　　　　　　　품사 > 동사

1. 祖母は古い物でも捨てないで、長い間<u>慰めて</u>使っている。
2. 試合を見ながら、優勝を願って一生懸命選手を<u>慰めた</u>。
3. 仕事で失敗してしまったが、友人が<u>慰めて</u>くれたので元気が出た。
4. 弟が希望の大学に合格したので、家族で外食をして<u>慰めた</u>。

1. 조모는 오래된 물건도 버리지 않고, 오래 동안 <u>위로해</u> 사용하고 있다.
2. 시합을 보면서, 우승을 기원하고 열심히 선수를 <u>위로했다</u>.
3. 일에서 실패해 버렸지만, 친구가 <u>위로해</u> 줘서 기운이 생겼다.
4. 남동생이 희망 대학에 합격해서, 가족 모두가 외식을 해서 <u>위로했다</u>.

해설 「慰める(위로하다)」는 '무언가를 해서 한 때의 슬픔이나 고통을 덜게 하다, 마음을 즐겁게 하다'는 의미로, 올바르게 사용된 것은 3번이다. '상심한 상대를 기운 나게 하다'는 의미이므로, "우승을 바라고 선수를 위로하다" 처럼 사용할 수는 없다.

오답 1번은 '오랜 동안 소중히 사용하고 있다'는 의미이므로 「大事に(소중하게)」가 들어가면 자연스럽다. 2번은 '우승을 바라고 선수를 응원했다'는 의미가 되어야 하므로 「応援した(응원했다)」가, 4번은 '가족이 외식을 해서 축하했다'는 의미가 되어야 하므로 「祝った(축하하다)」가 들어가면 자연스럽다.

빈출 諦める(포기하다) | ほえる(짖다) | にぎる(잡다, 쥐다) | 通り過ぎる(스쳐 지나가다) | 見送る(배웅하다)

어휘 祖母(조모) | 古い(오래되다, 낡다) | 捨てる(버리다) | 長い間(오랜 동안) | 慰める(위로하다, 위안하다) | 試合(시합) | 優勝(우승) | 願う(바라다, 기원하다) | 一生懸命(열심히) | 選手(선수) | 失敗(실패) | 友人(친구) | 元気(건강, 기운) | 出る(나오다) | 弟(남동생) | 希望(희망) | 合格(합격) | 家族(가족) | 外食(저녁)

2교시 언어지식(문법)

p25

問題1 / 문제1

つぎの文の(　　)に入れるのに最もよいものを、1・2・3・4から一つえらびなさい。

다음 문장의 (　)에 넣는데 가장 적당한 것을 1・2・3・4에서 하나 고르시오.

---

1 정답 **2**

彼は小説家 (**として**) 有名になったが、普段は小さな病院で働く医者だ。

그는 소설가 (로서) 유명해졌지만, 평소는 작은 병원에서 일하는 의사다.

문형 명사 + として ~로서, ~로써

해설 「명사 + として」는 '~로서'라는 의미로, '~라는 입장에서 말하자면, ~라는 입장에서 판단하자면'이라는 의미를 나타내며, 주로 입장이나 자격을 강조하고 싶을 때 사용하는 문형이다. 직업이나, 사람에 준하는 명사가 앞에 오는 경우가 대부분이다. 문맥상 '소설가로 유명해졌지만, 평소에는 의사다'라는 의미이므로, 정답은 2번이다.

오답 1 について(~에 관하여)　3 にしたがって(~에 따라서)　4 と比べて(~와 비교하여)

어휘 小説家(소설가) | 有名(유명) | 普段(평소, 항상) | 小さな(작은) | 医者(의사)

---

2 정답 **4**

先週、会社の面接で「もし自分を色で表す (**としたら**) 何色ですか。」と聞かれ、オレンジ色と答えた。「元気」や「健康」のイメージがあるからだ。

지난 주, 회사 면접에서 "만약에 자신을 색으로 나타낸다 (고 치면). 무슨 색입니까"라고 질문 받아, 오렌지색이라고 대답했다. '활력'과 '건강'의 이미지가 있기 때문이다.

문형 동사·형용사·명사의 보통형 + としたら ~라고 치면

해설 「としたら(~라고 치면)」은 '만약에 ~이/가 실현된다면, ~이/~가 사실이라고 가정한다면'이라는 의미로, "실제로는 일어나지 않았지만, 그렇다고 가정한다면"이라는 의미를 나타내는 문형이다. 주로 대화문에서 많이 사용되며, 「もし(만약에)」라는 부사와 함께 쓰이는 경우가 많다. 이 문제에서는 "만약에 색으로 나타낸다면 어떤 색입니까?"라고 가정하고 있으므로, 정답은 4번이다. 「ことから」는 '이유나 원인, 근거, 유래'를 제시할 때 사용하는 문형이므로 여기에서는 사용할 수 없다.

오답 1 ことから(~이기 때문에)　2 という点で(~라는 점에서)　3 ように(~라는 것처럼)

어휘 先週(지난 주) | 面接(면접) | オレンジ色(오렌지색) | 元気(기운, 활력) | 健康(건강)

3 정답 **3**

昨日の夜、寝る前に（ どうしても ）、ヨーグルトが食べたくなって、夜中なのにコンビニに買いに行ってしまった。

어제 밤, 자기 전에 (아무래도) 요구르트를 먹고 싶어져서, 밤 중인데 편의점에 사러 가버렸다.

문형 どうしても～ 무슨 일이 있어도, 꼭

해설 「どうしても」는 '희망(したい)이나 의지'의 표현이나 '부정의 표현'을 수반하여 '무슨 일이 있어도, 꼭~하고싶다'는 화자의 강한 의지나, 희망, 결의를 나타내는 표현이다. "자기 전에 요구르트가 먹고 싶어져서 밤 중인데 편의점에 사러 갔다"고 했으므로, 화자는 "요구르트를 꼭 먹고 싶다"는 강한 의지를 나타내고 있다는 것을 알 수 있다. 따라서 정답은 3번이다. 「どうか」는 '제발, 부디, 아무쪼록'이라는 의미로 공손히 부탁하거나 의뢰할 때 사용된다.

오답 1 どうか(제발, 부디, 아무쪼록) 2 せっかく(모처럼) 4 きっと(꼭, 분명히)

어휘 昨日(어제) | ヨーグルト(요구르트) | 夜中(한밤중) | コンビニ(편의점) | ～しに行く(~하러 가다)

4 정답 **1**

このケーキは材料を混ぜて焼く（ だけだ ）から、誰でも失敗せずにおいしく作れる。

이 케이크는 재료를 섞어서 굽는 (것뿐)이니까, 누구라도 실패하지 않고 간단히 만들 수 있다.

문형 보통형 + だけ ~만, 뿐

해설 「Aだけ(~만, 뿐)」은 '한정'을 나타내며, 'A가 전부다'라는 의미를 나타내는 문형이다. 수량이 아주 적어서 불만이라는 뉘앙스를 나타낼 때는 「～しか～ない(~밖에~없다)」가 사용된다. 문맥상 "재료를 섞어서 굽는 것뿐이니까, 아무도 실패하지 않는다"는 의미이므로, 정답은 1번이다.

오답 2 ことだから(~이니까) 3 せいだから(~탓이니까) 4 ときだから(~때이니까)

어휘 ケーキ(케이크) | 材料(재료) | 混ぜる(섞다) | 焼く(굽다) | 誰でも(누구나) | 失敗(실패) | ～せずに(~하지 않고)

5 정답 **4**

私の町では毎年8月最後の日曜日に夏祭りが（ 行われます ）。

내 마을에서는 매년 8월 마지막 일요일에 여름 축제가 (행해집니다)

문형 동사 ます형 + れる・られる ~해 받다, ~할 수 있다, ~되다, ~하시다

해설 「れる・られる」에는 '1) 수동(~해 받다), 2) 가능(~할 수 있다) 3) 자발(자연스럽게 ~되다), 4) 존경(~하시다)' 이라는 의미가 있다. 이 중 수동은 '다른 사람에게서 무언가의 동작을 받는다'는 의미이며, 자발은 '어떤 동작이 자연스럽게 일어난다, 발생한다'는 의미를 나타낸다. 이 문제에서는 "매해 8월 마지막 일요일에 여름 축제가 자연스럽게 행해지다" "내가 그렇게 할 의지가 없어도 매해 축제가 8월에 실시된다"는 의미를 나타내는 문형이 들어가야 하므로, 정답은 4번이다.

정답 및 해설 **81**

오답 1 行います(실시합니다) 2 行わせます(행해집니다) 3 行っています(행하고 있습니다)

어휘 町(마을) | 毎年(매해) | 最後(마지막) | 日曜日(일요일) | 夏祭り(여름 축제)

6 정답 2

(靴屋で)
客 「すみません。この靴のもう一つ大きいサイズはありますか。」
店員 「あ、はい、確認しますので、少々（ お待ちください ）。」

(구두 가게에서)
손님 "죄송합니다. 이 구두 하나 더 큰 사이즈는 없습니까?"
점원 "아~네, 확인할 테니까, 잠시 (기다려 주세요)."

문형 お・ご + 동사 ます형 + ください ~해 주세요

해설 「お・ご~ください」는 '~해 주세요'라는 의미로, 상대에게 공손하게 부탁하거나 의뢰할 때 사용하는 문형이다. 손님이 더 큰 사이즈를 요구하자, 점원이 "잠시 기다려 주세요"라고 부탁하는 상황이므로 상대에게 정중하게 부탁하는 표현을 사용해야 하고, 정답은 2번이다. 「お待ちしましょう(기다립시다)」는 화자인 내가 기다리겠다는 것을 정중하게 나타내는 표현이므로 오답이 된다. 존경어 문제는 2문제 이상 꼭 출제되므로, 존경어와 겸양어 만드는 법, 특수 존경어를 포함하여 JLPT N3 레벨의 문형은 꼭 정리해 두자.

오답 1 お待ちしております(기다리고 있겠습니다) 3 お待ちできます(기다릴 수 있습니다) 4 お待ちしましょう(기다립시다)

어휘 靴屋(구두 가게) | サイズ(사이즈) | 確認(확인) | 少々(조금, 잠시, 잠깐)

7 정답 3

(電話で)
X建設の社員 「はい、X建設営業部です。」
中田   「あ、私、ABC銀行の中田と（ 申します ）が、山石さんをお願いします。」

(전화로)
X건설 사원 "네, X건설 영업부입니다."
나카타   "아, 저, ABC은행 나카타라고 (합니다)만, 야마이시 씨를 부탁드립니다."

문형 申す 말하다

해설 「申す(말씀 드리다)」는 「言う(말하다)」의 겸양어로 자신을 낮추어 공손하게 표현할 때 사용하며, 주로 회화문에서 사용된다. 「申し上げる」도 「言う(말하다)」의 겸양이지만, 상대방을 높이며 공손하게 말하려고 할 때 사용하는 표현이다. 「申す(말씀 드리다)」는 「わたしはAと申します。」처럼, 자기 자신의 이름을 공손하게 전달하려고 할 때 사용할 수 있는데 반해, 「申し上げる」는 상사나 선생님과 같은 윗사람에게 무언가를 전달할 때 사용하는 표현이다. 예를 들자면, 학생이 선생님에게 부탁하고 싶

은 것이 있을 때 「先生、レポートについて申し上げたいことがあります(선생님, 레포트에 대해서 말씀 드리고 싶은 것이 있습니다)」처럼 사용한다.

오답 1 ございます(있습니다, ある의 겸양어) 2 いたします(합니다, する의 겸양어) 4 申し上げます(말씀 드리다, 言う(말하다)의 겸양어)

어휘 建設(건설) | 営業部(영업부) | 銀行(은행) | 願う(바라다)

---

8 정답 2

息子が通う高校では、お昼にパンや飲み物が買える場所もあるが、基本的には全員がお弁当を(**持っていくことになっている**)。

아들이 다니는 고등학교에서는, 점심에 빵이나 음료를 살 수 있는 장소도 있지만, 기본적으로는 전원이 도시락을 (가지고 가게 되어 있다).

문형 동사 ない형, 동사 기본형 + ことになっている ~하게 되어 있다

해설 「ことになっている(~하게 되어 있다)」는 '~라는 결정이다, ~하는 것이 결정되어 있다'는 의미를 나타내는 문형으로, 주로 규칙이나 습관, 예정 등을 나타낼 때 사용한다. 화자의 의지로 그렇게 하기로 결정한 것이 아니라, 그렇게 하는 것이나 하지 않는 것이 이미 결정되어 있다는 것을 나타낸다. 아들이 다니는 고등학교에서는 "기본적으로 도시락을 가지고 가야 한다"는 규칙에 대해서 말하고 있으므로, 문맥상 2번 「ことになっている(~하게 되어 있다)」가 들어가야 자연스럽다. 「つもりだ(작정이다)」는 화자의 의지나 계획 등을 나타내는 표현이므로 여기에서는 사용할 수 없다.

오답 1 持っていったばかりだ(가지고 간지 얼마 되지 않는다) 3 持っていきたい(가지고 가고 싶다) 4 持っていくつもりだ(가지고 갈 작정이다)

어휘 息子(아들) | 通う(다니다) | 高校(고등학교) | 飲み物(음료) | パン(빵) | 場所(장소) | 基本的(기본적) | 全員(전원) | 弁当(도시락)

---

9 정답 3

昼寝をするのは気持ちがいいが、夜 (**寝られないと**) 困るので、いつも15分ぐらいで起きる。

낮잠을 자는 것은 기분 좋지만, 밤 (잠을 잘 수 없으면) 곤란하기 때문에, 언제나 15분정도로 일어난다.

문형 동사 てます형 + られる ~할 수 있다

해설 「れる・られる + ない + と(~할 수 없다면)」에서 「れる・られる」는 가능의 의미를 나타낸다. 문맥상 "낮잠은 기분 좋지만, 밤에 잠을 못 자면 곤란하니까"라는 흐름을 이어져야 자연스러우므로, 3번 「寝られないと(잠 잘 수 없으면)」이 들어가야 한다. 「寝なくて困る」는 `잠을 자지 않아서 곤란하다'라는 의미가 되는데, 화자의 의지로 잠을 안 자는 것이 아니라, 잠을 못 자게 되면 곤란하다는 의미이므로 오답이다.

오답 1 寝なくて(잠을 자지 않아서) 2 寝られると思って(잘 수 있다고 생각해서) 4 寝ると思うと(잔다고 생각하면)

어휘 昼寝(낮잠) | 夜(밤) | 困る(곤란하다) | ぐらい(~정도) | 起きる(일어나다)

정답 및 해설 **83**

10 정답 1

A市は、保育園の数が少なく、保育園を（**利用したくても**）利用できない人がいることが問題になっている。

A시는 보육원 수가 적어, 보육원을 (**이용하고 싶어도**) 이용할 수 없는 사람이 있는 것이 문제가 되어 있다.

문형 〜したくても〜できない ~하고 싶어도 ~할 수 없다

해설 「〜したくてもできない(~하고 싶어도 불가능하다)」는 일반적으로, 화자가 자신의 능력으로 불가능하다는 경우가 아닌, '사회적인 이유나 주변 상황상 어쩔 수 없다, 하는 것이 불가능하다'라는 의미를 나타낼 때 사용하는 문형이다. 문맥의 흐름상, "보육원 숫자가 적어서, 이용하고 싶어도 이용하지 못하는 사람이 있는 것이 문제다"는 내용이므로 정답은 1번이 된다.

오답 2 利用しそうになって(이용할 것 같이 되어서) 3 利用しているのに(이용하고 있는데) 4 利用できたら(이용할 수 있다면)

어휘 保育園(보육원) | 利用(이용) | 問題(문제)

11 정답 2

妻「ねえ、ちょっと買い物に行ってくるから、今夜行くレストランの予約をお願いできる？」
夫「うん、わかった。（**予約しておくよ**）。19時からで大丈夫？」
妻「ええ、ありがとう。」

아내 "저기, 잠깐 쇼핑 다녀 올 테니까, 오늘 밤 갈 레스토랑 예약 부탁할 수 있을까?"
남편 "어, 알았어. (**예약해 둘게**). 19시부터로 괜찮아?"
아내 "응! 고마워"

문형 동사 て형 + ておく ~해 두다

해설 「〜ておく」는 '무언가의 목적을 위해서 ~인 채로 하다'는 의미로, 준비나 방치, 처리의 의미를 나타내는 문형이다. 「〜ておく」는 '어떤 목적을 위해서 ~를 하다'라는 의미이므로, 「〜の前に(~의 전에)」, 「前もって(미리, 사전에, 앞서)」, 「あらかじめ(미리)」, 「事前に(사전에)」 등의 부사와 함께 사용하는 경우가 많다. 아내는 남편에게 미리 저녁에 갈 레스토랑 예약을 해달라고 부탁하고 있다. 남편이 "알았어, 19시부터로 괜찮아?"라고 긍정적으로 답변하고 있으므로 괄호 안에는 "예약해 둘 게"가 들어가야 자연스럽다. 따라서 정답은 2번이다.

오답 1 予約してね(예약해줘) 2 予約しようよ(예약하자) 4 予約してあるね(예약 했어)

어휘 妻(아내) | 夫(남편) | ちょっと(잠깐, 잠시) | 今夜(오늘 저녁) | レストラン(레스토랑) | 予約(예약) | 大丈夫(괜찮다) | ええ(응)

12 정답 4

(畑で)
子「ねえ、このトマト、もう食べられる？赤くなっているよ。」
父「うん。そろそろ（**食べてもよさそうだ**）ね。」

(밭에서)
아이 "저기, 이 토마토 이제 먹을 수 있어? 빨개져 있어"
아빠 "응, 슬슬 (**먹어도 괜찮을 것 같아**)"

문형 い형용사 어간 く·동사 て형 + てもいい ~해도 좋다
         な형용사 어간·명사 + でもいい

해설 「~てもいい(~해도 된다)」는 허가나 양보, 불필요함을 나타내는 표현이다. 가벼운 명령의 의미로 쓰이는 경우도 있다. 대화문 중에서 아들이 아빠에게 토마토를 먹을 수 있는지 질문하자, 아빠는 「うん(응)」이라고 대답하고 있다. 따라서, 상대에게 허가하거나 좋다는 내용이 이어져야 하므로 정답은 4번「食べてもよさそうだ(먹어도 좋을 것같다)」가 된다.

오답 1 食べやすいそうだ(먹기 쉽다고 한다) 2 食べていそうだ(먹고 있을 것 같다) 3 食べたがるそうだ(먹고 싶어할 것 같다)

어휘 毎日(매일) | ジョギング(조깅) | 走る(뛰다, 달리다)

13 정답 1

(改札で)
南 「山下さん、来ませんね。携帯に電話をしても出ないし、どうしますか。」
中川「これ以上待つと私たちも間に合わないから、先に（**行ってしまいましょうか**）。」
南 「そうですね。行きますか。」

(개찰구에서)
미나미 "야마시타 씨, 안 오네요. 휴대 전화에 전화를 해도 받지 않고, 어떻게 할까요?"
나카가와 "이 이상 기다리면 우리들도 시간 안에 맞지 않으니까, 먼저 (**가 버릴까요?**)"
미나미 "그래요, 갈까요?"

문형 동사 て형 + てしまいましょうか ~버릴까요?

해설 「~てしまう(~해 버리다)」는 어떤 행사나 동작을 완료한다는 것을 강조하고 싶을 때 사용하는 문형이며, 「~ましょうか(~할까요?)」는 상대에게 어떤 것을 제안하거나 권유할 때 사용하는 문형이다. 주로 대화문에서 사용되며, 독백문에서는 사용할 수 없다. 미나미가 "야마시타 씨가 전화도 받지 않고, 오지 않는다"고하자 나카가와는 "더 이상 기다리면 우리도 시간에 맞지 않는다(늦는다)"고 했으므로 문맥상 1번「行ってしまいましょうか(가 버릴까요?)」가 들어가야 자연스럽다.

오답 2 行ってしまうのでしょう(가 버리는 거겠죠) 3 行ってしまいましたか(가 버렸습니까?)

어휘 携帯(휴대) | 電話(전화) | 間に合う(시간에 맞다)

| 問題2 | 次の文の ★ に入る最もよいものを、1・2・3・4から一つえらびなさい。 |
| 문제2 | 다음 문장의 ★에 들어갈 가장 적당한 것을 1・2・3・4에서 하나 고르시오. |

14 정답 2 (4 - 2 - 3 - 1)

この写真の鳥はとても珍しくて、この鳥の　4. 研究をしている　2. ★ 専門家でも　3. なかなか　1. 見る機会がない　そうだ。

이 사진의 새는 매우 드물어서 이 새의　4. 연구를 하고 있는　2. ★ 전문가라도　3. 좀처럼　1. 볼 기회가 없다　고 한다.

해설 「なかなか(좀처럼, 꽤)」는 부정 표현을 수반하여 '어떤 일이 쉽게 실현되지 않는다';는 것을 나타낸다. 「なかなか(좀처럼, 꽤)」 뒤에 올 수 있는 부정표현은 「見る機会がない(볼 기회가 없다)」 밖에 없으므로, 3번 – 1번이 연결되어야 한다는 것을 알 수 있다. 그리고, 명사와 명사 사이에는 「の」가 들어가야 하므로, 「この鳥の」 뒤에는 명사가 이어져야 하는데, 문맥상 '새의 연구를 하고 있는 전문가라도'가 자연스러우므로 올바르게 배열하면 4-2-3-1이 되고, 정답은 2번이다.

어휘 写真(사진) | 鳥(새) | 珍しい(드물다) | 研究(연구) | 専門家(전문가) | なかなか(좀처럼, 꽤) | 機会(기회)

15 정답 4 (3 - 1 - 4 - 2)

春から大学生になる娘には　3. 勉強以外　1. にも　4. ★ 大学時代　2. にしか　できない経験をいろいろしてほしい。

봄부터 대학생이 되는 딸에게는　3. 공부 이외　1. 에도　4. ★ 대학생 시절　2. 에 밖에　할 수 없는 경험을 여러가지 해 주었으면 좋겠다.

해설 「명사+にしか~ない」는 '한정'을 강조하는 표현인데, 부정의 표현은 「できない経験~」 부분 밖에 없으므로, 「にしか」가 가장 뒤에 와야 한다. 문맥상 "공부 이외에도 대학교 때 밖에 하지 못하는 경험을 여러가지 해 주길 바란다"는 내용이 이어져야 자연스러우므로 올바르게 배열하면 3-1-4-2가 되고, 정답은 4번이 된다.

어휘 娘(딸) | 時代(시대, 시절) | ~にしか(~에 밖에) | 経験(경험) | いろいろ(여러가지)

16 정답 2 (4 - 3 - 2 - 1)

土曜日は買い物をしたり友人と食事をしたりし、日曜日は　4. どこにも出かけずに　3. 家で過ごす　2. ★ という　1. のが　私の好きな週末の過ごし方だ。

토요일은 쇼핑을 하거나 친구와 식사를 하거나 하고, 일요일은　4. 어디에도 외출하지 않고　3. 집에서 보낸다　2. ★ 라는　1. 것이　내가 좋아하는 주말을 보내는 법이다.

해설 「~ずに」는 '~하지 않고'라는 의미를 나타내는 표현이며,「~という(~라고 하는)」는 '전문'의 표현으로 앞에는 동사, 형용사, 명사의 보통형이 온다. 따라서 3번 – 2번이 연결된다는 것을 알 수 있다. 문맥상, "토요일은 ~을 하고, 일요일은 외출하지 않고 집에서 보낸다는 것이 내가 주말을 보내는 방법이다"라는 내용이 이어져야 자연스러우므로, 올바르게 배열하면 4-3-2-1이 되고, 정답은 2번이 된다.

어휘 買い物(쇼핑) | 友人(친구) | 曜日(요일) | 出かける(외출하다, 나가다) | 過ごす(보내다) | 週末(주말)

17 정답 1 (2-3-1-4)

(レストランで)
客 「すみません。15分ぐらい前に案内をお願いして、しばらくここで待ってって 2. 言われた   3. から   1. ★ 待っているんです   4. けど 。まだですか。」
店員 「大変申し訳ありません。」

(레스토랑에서)
손님 "죄송합니다. 15분 정도 전에 안내를 부탁해서, 잠시 여기에서 기다리라고 2. 들었기   3. 때문에   1. ★ 기다리고 있는   4. 데요 . 아직입니까?"
점원 "대단히 죄송합니다."

해설 「から」는 보통형이나 정중형에 접속하여 '~이니까, ~이기 때문에, ~라서'라는 원인이나 이유를 나타내는 표현이다. 문맥상 "기다리라고 들어서 기다리고 있는데"라는 흐름이 자연스러우므로 올바르게 배열하면, 2-3-1-4가 되고, 정답은 1번이 된다.

어휘 客(손님) | 案内(안내) | しばらく(잠시) | 待つ(기다리다) | 大変(대단히, 굉장히) | 申し訳ない(죄송하다)

18 정답 3 (1-4-3-2)

歴史を 1. 勉強すればするほど   4. もっと学びたい   3. ★ と思うようになって   2. 歴史学科への 進学を決めた。

역사를 1. 공부하면 할 수록   4. 더 공부하고 싶다   3. ★ 고 생각하게 되어   2. 역사학과에의 진학을 결정했다.

해설 「と思う(~라고 생각하다)」는 화자의 추측이나 추량을 나타내는 표현으로, 보통형 뒤에 접속한다. 따라서, 4번 – 3번이 연결된다는 것을 알 수 있다. 또한, 「~すればするほど(~하면~할수록)」는 동작이나 상태가 진행되어 가는 것을 나타내며, 앞의 동작이나 상태가 변화함에 따라 뒤의 상황도 변화해 간다는 것을 나타내는 문형이다. 「~すればするほど~したい(~하면~할수록~하고 싶다)」는 '어떤 일이나 동작이 진행할수록 점점 더 ~하고 싶어지다'는 의미를 나타내는 문형이므로 1번과 4번을 연결할 수 있다. 따라서 올바르게 배열하면 1-4-3-2가 되고, 정답은 3번이 된다.

어휘 歴史(역사) | 勉強(공부) | 学ぶ(배우다) | 学科(학과) | 進学(진학) | 決める(정하다, 결정하다)

問題3	つぎの文章を読んで、文章全体の内容を考えて 19 から、 23 の中に入る最もよいものを、1・2・3・4から一つえらびなさい。
문제3	다음 문장을 읽고, 문장 전체의 내용을 생각하여 19 에서 23 중에서 가장 좋은 것을 1・2・3・4에서 하나 고르시오.

下の文章は、留学生が書いた作文です。

日本人の天気の話

アルティカ ミラ

日本へ来て、多くの人が天気の話をすることに気がつきました。アパートの管理人さんは朝会うと、「おはよう。」の後に「今日は暑いね。」とか「いい天気だね。」と言います。あちこちで、多くの人があいさつに続けて天気の話をしているのを聞きました。 19 けれども、私の国では天気の話をあまりしないので、なぜ天気の話をするのかわかりませんでした。私はしてもしなくてもいいと考え、自分からはしていませんでした。

ところが、ある冬の寒い朝、日本人の友達に会ったとき、「おはよう。」の後で自然に「寒いね。」と 20 言ってしまいました。友達は「本当だね。」と答え、その後、寒い冬に食べるとおいしい食べ物や冬の服の話になりました。天気の話が天気に関係した話に 21 広がって、おもしろいと思いました。

私の国は年中暑いですが、日本は四季があって気温の変化が大きいし、天気もよく変わります。そのため、多くの日本人が天気に関心を 22 持つのかもしれません。

最近は管理人さんともよく天気の話をするようになって、天気の話は誰とでもしやすいことに気づきました。 23 これも天気の話をする人が多い理由の一つだと思います。

다음 문장은 유학생이 쓴 작문이다.

일본인의 날씨 이야기

알티카 미라

일본에 와서, 많은 사람이 날씨 이야기를 하는 것을 깨달았습니다. 아파트 관리인은 아침에 만나면, "안녕" 다음에 "오늘은 덥네" 라든가 "좋은 날씨네"라고 말합니다. 여기저기에서 많은 사람이 인사에 이어서 날씨 이야기를 하는 것을 들었습니다. 19 하지만, 제 나라에서는 날씨 이야기를 별로 하지 않기 때문에, 왜 날씨 이야기를 하는지 몰랐습니다. 나는 해도 하지 않아도 괜찮다고 생각하고, 스스로는 하지 않았습니다.

그런데, 어느 겨울 추운 아침, 일본인 친구를 만났을 때, "안녕" 뒤에 자연스럽게 "춥네"라고 20 말해 버렸습니다. 친구는 "정말이야"라고 대답하고, 그 후에 추운 날씨에 먹으면 맛있는 음식이나 겨울 옷 이야기가 되었습니다. 날씨 이야기가 날씨에 관계된 이야기로 21 넓어져서, 재미있다고 생각했습니다.

제 나라는 일년 내내 더운데, 일본은 사계절이 있고 기온 변화가 크고, 날씨도 자주 바뀝니다. 그렇기 때문에, 많은 일본인이 날씨에 관심을 22 두는 것 일지도 모릅니다.

최근에는 관리인과도 자주 날씨 이야기를 하게 되어, 날씨 이야기는 누구와도 하기 쉬운 것을 깨달았습니다. 23 이것 도 날씨 이야기를 하는 사람이 많은 이유 중 하나라고 생각합니다.

어휘 文章(문장) | 留学生(유학생) | 作文(작문) | 日本人(일본인) | 多く(많은) | 天気(날씨) | 気がつく(깨닫다) | アパート(아파트) | 管理人(관리인) | 会う(만나다) | 暑い(덥다) | あいさつ(인사) | 続ける(계속하다) | あまり(별로, 그다) | なぜ(왜, 어째서) | ところが(그런데) | 冬(겨울) | 寒い(춥다) | 友達(친구) | 自然に(자연스럽게) | 本当(정말) | 答える(대답하다) | おいしい(맛있다) | 服(옷) | 関係(관계) | おもしろい(재미있다) | 一年中(일년 내내) | 四季(사계절) | 気温(기온) | 変化(변화) | 関心(관심) | 最近(최근) | ~とも(~와도) | ~しやすい(~하기 쉽다) | 気づく(깨닫다) | 理由(이유) | 広がる(확산

되다, 퍼지다) | はずだ(~일 터이다) | ~たがる(~하고 싶어하다) | ~かもしれない(~일지도 모른다) | ~しようとしない (~하려고 하지 않는다)

19 정답 3

1. そのうえ
2. つまり
3. けれども
4. すると

1. 게다가
2. 즉
3. 하지만
4. 그러자

해설 접속사를 고르는 문제는 1문제 이상 꼭 출제된다. 빈출 접속사가 한정되어 있으므로, 자주 출제되는 접속사를 중심으로 정리해 두면 좋다. 접속사를 고르는 문제는 앞 문장과 뒷 문장의 문맥 흐름을 파악하는 것이 중요하다. "일본인은 날씨 이야기를 좋아한다" "내 나라에서는 날씨 이야기를 별로 하지 않는다"는 문맥상 역접의 접속사가 들어가야 하는데, 선택지 중 역접의 접속사는 3번밖에 없으므로, 정답은 3번이다.

20 정답 4

1. 言われていました
2. 言ってもらいました
3. 言わせてみました
4. 言ってしまいました

1. 듣고 있었습니다.
2. 말해 주셨습니다.
3. 말하게 해 보았습니다.
4. 말해 버렸습니다.

해설 필자는 평소에는 날씨에 관한 이야기를 하지 않는데, 일본인 친구를 만났을 때, 의도치 않고 자연스럽게 "춥다"고 말했다고 설명하고 있다. 즉, 의도하지 않은 동작이 발생하였다는 것을 나타내고 있으므로, 「~てしまう(~해 버리다)」를 사용해야 한다. 따라서, 정답은 4번이 된다.

21 정답 1

1. 広がって
2. 広がるより
3. 広がるように
4. 広がったそうで

1. 넓어져서
2. 넓어지기보다
3. 넓어지도록
4. 넓어졌다고 해서

해설 문맥상 "날씨 이야기가 자연스럽게 날씨와 관련된 이야기로 확산되었기 때문에 재미있었다"는 의미가 되므로, 원인이나 이유를 나타낼 수 있는 표현이 들어가야 한다. 「て형」은 현재 진행 등 여러가지 용법이 있으며, '~해서'라는 원인이나 이유를 나타내는 경우가 있다. 따라서, 정답은 1번이다. 「広がるより(넓어지기 보다)」는 비교, 「広がるように(넓어지도록)」은 목적, 「広がったそうで(넓어졌다고 해서)」는 전문을 나타낸다.

22 정답 3

1. 持ったはずがありません	1. 두었을 리가 없습니다.
2. 持ちたがりません	2. 두고 싶어하지 않습니다.
3. 持つのかもしれません	3. 두는 것 일지도 모릅니다.
4. 持とうとしません	4. 두려고 하지 않습니다.

해설 필자는 일본인이 날씨 이야기를 자주 하는 자기 나름의 이유를 추측하고 있다. 「~かもしれない(~일지도 모른다)」는 '어떤 일이 발생할 가능성이 있다'는 가능성의 표현이다. 따라서 정답은 3번이 된다. 「はずがない(~리가 없다)」는 화자가 확신을 갖고 어떤 일이 일어날 가능성이 전혀 없다고 부정할 때 사용하는 표현이며, 「~したがる(~하고 싶어하다)」는 제3자의 희망을 표현할 때 사용한다. 「~ようとしない(~하려고 하지 않는다)」는 '해야 하는 일이나 할 예정이었던 일이 있었는데도 불구하고 전혀 하지 않는다'는 의미를 나타낼 때 사용하는 문형이다.

23 정답 2

1. どれ	1. 어느 것
2. これ	2. 이것
3. あれら	3. 저것들
4. それ	4. 그것

해설 지시어의 사용법은 기본적인 문법 사항이지만 자주 출제되므로, 잘 숙지해 두자. 「これ」는 화자와 가까운 영역에 있는 것을 나타내는데, 대화문이나 문장 안의 화제를 지시할 때는 말하는 사람의 영역에 속하는 것을 나타낼 때는 「これ」, 듣는 사람이나 읽는 사람의 영역에 속하는 것을 지시할 때는 「それ」를 사용한다. 마지막 문장에서 지시어가 가리키는 것은 '날씨 이야기는 누구와도 하기 쉬운 것'를 나타내므로, 필자도 포함된 영역의 화제라는 것을 알 수 있고, 정답은 2번이 된다.

2교시 언어지식(독해)

p32

問題4 / 문제4

つぎの(1)から(4)の文章を読んで、質問に答えなさい。答えは、1・2・3・4から最もよいものを一つえらびなさい。

다음 (1)에서 (4)의 문장을 읽고, 질문에 답하시오. 답은 1·2·3·4에서 가장 좋은 것을 하나 고르시오.

(1) 정답 3

これは大学から学生に届いたメールである。

あて先：kinkyu@oyama-daigaku.ac.jp
件名：大雪による休講のお知らせ
送信日時：2016年 12月 1日 7:00

　　　　　　　学生のみなさん
　現在、大雪のため、多くの公共交通機関が止まっています。そのため、午前の授業は行われません。午後の授業は、10時までに公共交通機関が動き始めれば、いつもの通り行います。授業を行うかどうか10時にメールでお知らせしますので、必ず確認してください。
　なお、クラブ活動やサークル活動なども、午前中は中止してください。

　　　　　　　　　　　　　大山大学 事務室

이것은 대학교에서 학생에게 보낸 메일이다.

수신인: kinkyu@oyama-daigaku.ac.jp
건명 : 대설에 의한 휴강 알림
송신 일시: 2016년 12월 1일 7:00

　　　　　　학생 여러분
　현재, 대설 때문에, 많은 공공 교통 기관이 멈추어 있습니다. 그 때문에 오전 수업은 실시하지 않습니다. 오전 수업은 10시까지 공공 교통 기관이 움직이기 시작한다면 평상시대로 실시하겠습니다. 수업을 실시할지 어떨지 10시에 메일로 알릴 테니까, 반드시 확인해 주세요.
　또한, 클럽 활동이나 서클 활동 등도, 오전 중에는 중지해 주세요.

　　　　　　　　　　　　오야마 대학 사무실

---

24 このメールからわかることは何か。	24 이 메일로 알 수 있는 것은 무엇인가?
1. 今日の午前の授業は、10時から始まる。	1. 오늘 오전 수업은 10시부터 시작한다.
2. 午前も午後も、今日はクラブ活動を中止しなければならない。	2. 오전도 오후도 오늘은 클럽 활동을 중지해야 한다.
3. 今日の午後の授業があるかどうか、10時に事務室からメールが届く。	3. 오늘 오후 수업이 있을지 어떨지 10시에 사무실에서 메일이 온다.
4. 10時に事務室からメールが届いたら、今日の午後の授業はある。	4. 10시에 사무실에서 메일이 오면, 오늘 오후 수업은 있다.

어휘 届く(닿다, 도착하다) | メール(메일) | 大雪(대설) | 休講(휴강) | お知らせ(알림) | 公共(공공) | 交通(교통) | 機関(기관) | 止まる(멎다, 그치다) | 授業(수업) | 行う(행하다, 실시하다) | ~通り(~대로) | 確認(확인) | なお(더구나, 더욱) | クラブ(클럽) | 活動(활동) | サークル(서클) | 中止(중지) | 事務室(사무실) | 午前(오전) | 午後(오후)

해설 대설로 인한 수업 휴강의 공지 메일인데, 공지나 알림문의 경우, 무엇에 관한 내용인가를 파악하는 것이 중요하다. 메일의 제목이나 포스터의 타이틀에 나와 있는 큰 타이틀로 대략의 키워드를 파악한 뒤, 그 키워드에 관해 무엇을 전하고 싶은지를 파악하는 것이 중요하다. 오야마 대학 사무실에서 학생들에게 보낸 메일인데, 대설로 인해 오전 수업이 중지된 것을 알리고, 오후 수업이 실시되는 조건은 '10시까지 공공교통기관이 운행을 하는 것'이다. 따라서 정답은 3번이다. 오전 수업은 이미 중단되었다고 했으므로 1번은 오답이고, 서클 활동 등은 오전에는 중단해 달라고 했으므로 2번도 오답이다. 수업을 실시하지 않을 경우에도 10시에 메일로 알린다고 했으므로 4번도 오답이 된다.

(2) 정답 2

「携帯電話は持っていないんです。」私がそう言うと、たいていの人は驚く。「あったら便利ですよ。」と言われるが、それは私もよくわかっている。
実は、私も以前、携帯電話を持っていた。しかし、いつどこにいても電話に出なければいけない気がして、それが嫌で持つのをやめてしまったのだ。すると、とても気持ちが楽になった。
最近は料金が安いものもあるようだし、携帯電話がない生活には不便なこともある。それでも、私は今のままでいいと思っている。

25 携帯電話について、「私」はどのように考えているか。

1. 便利だと言う人もいるが、自分はそう思わないので、今は持つつもりはない。
2. 便利だと思うが、いつも電話を気にする生活は嫌なので、今は持つつもりはない。
3. 持っていると便利だし、最近は料金が安くなったので、もう一度持つつもりだ。
4. 持ちたくはなかったが、ないと不便なので、もう一度持つつもりだ。

"휴대 전화는 안 가지고 있어요" 내가 그렇게 말하면, 대개의 사람은 놀란다. "있으면 편리해요"라고 말하지만, 그것은 나도 잘 알고 있다.
실은, 나도 이전에 휴대 전화를 갖고 있었다. 하지만 언제 어디에 있어도 전화를 받지 않으면 안 되는 느낌이 들어, 그것이 싫어서 갖는 것을 그만둬 버린 것이다. 그러자, 매우 기분이 편해졌다.
최근에는 요금이 싼 것도 있는 것 같고, 휴대 전화가 없는 생활에는 불편한 점도 있다. 그래도 나는 지금 이대로 좋다고 생각한다.

25 휴대 전화에 관해서 '나'는 어떻게 생각하고 있는가?

1. 편리하다고 말하는 사람도 있지만, 자신은 그렇게 생각하지 않기 때문에, 지금은 가질 작정은 없다.
2. 편리하다고 생각하지만, 언제나 전화를 신경 쓰는 생활은 싫기 때문에, 지금은 가질 작정은 없다.
3. 갖고 있으면 편리하고, 최근은 요금이 싸졌기 때문에 다시 한번 가질 작정이다.
4. 갖고 싶지는 않았지만, 없으면 불편하기 때문에, 다시 한번 가질 작정이다.

어휘 携帯(휴대) | 電話(전화) | たいてい(대개, 대략) | 驚く(놀라다) | 便利(편리한) | 実は(실은) | 以前(이전) | 気がする(느낌이 들다) | 嫌(싫은) | 気持ち(기분) | 楽(편한) | 料金(요금) | 安い(싸다) | 生活(생활) | 不便(불편한) | 自分(자신) | もう一度(다시 한 번)

해설 필자의 주장을 찾는 문제인데, 필자의 주장은 마지막 단락이나 역접의 접속사 전후에 제시되어 있는 경우가 많다. 필자는 이전에는 휴대폰을 갖고 있었지만, "항상 전화를 받아야 할 것 같다"는 느낌이 싫어서 휴대폰을 갖는 것을 그만두었다고 하며, 마지막 문장에서 "편하다는 것은 알지만 그래도 지금 그대로가 좋다"고 했으므로, 정답은 2번이 된다.

(3) 정답 4

日本には飲み物の自動販売機がたくさんある。缶コーヒーやペットボトルのお茶などは、一台の販売機で温かい物か冷たい物かを選べるので、便利だ。しかし、最初のころの自動販売機は、冷たい物しか売ることができなかった。

ある冬の日、高速道路の駐車場で、トラックの運転手たちが自動販売機で買ったジュースを飲んでいた。みんなとても寒そうだったので、それを見た飲料会社の社長が、冬には温かい物を飲んでほしいと考えた。それから10年近くかけて作られたのが、<u>今の販売機</u>なのだそうだ。

일본에는 음료 자판기가 많이 있다. 캔 커피나 페트병 차 등 한대의 자판기로 따뜻한 것인가 차가운 것인가를 고를 수 있기 때문에 편리하다. 하지만 처음 무렵의 자동 판매기는 차가운 것 밖에 팔 수 없었다.

어느 겨울 날, 고속도로 주차장에서 트럭 운전수들이 자동 판매기로 산 주스를 마시고 있었다. 모두 매우 추운 것 같았기 때문에, 그것을 본 음료회사 사장이 겨울에는 따뜻한 것을 마셔주었으면 좋겠다고 생각했다. 그리고 나서 10년 가까이 걸려서 만들어진 것이 지금의 판매기라고 한다.

26 <u>今の販売機が作られることになったのは、どうして</u>か。

1. 冬に販売機で冷たい物を買って飲んだ飲料会社の社長が、客が気の毒だと感じたから
2. 冷たい物が買える販売機があれば便利だろうと、飲料会社の社長が考えたから
3. 温かい物が買える販売機が欲しいと、飲料会社の社長が運転手たちに言われたから
4. **温かい物も買える販売機があれば喜ばれるだろうと、飲料会社の社長が考えたから**

26 <u>지금의 판매기가 만들어지게 된 것은 왜인가?</u>

1. 겨울에 판매기로 차가운 것을 사서 마신 음료 회사 사장이 손님이 불쌍하다고 느꼈기 때문에
2. 차가운 것을 살 수 있는 자판기가 있다면 편할 거라고, 음료 회사 사장이 생각했기 때문에
3. 따뜻한 것을 살 수 있는 판매기를 갖고 싶다고, 음료 회사 사장이 운전수들에게 들었기 때문에
4. **따뜻한 것도 살 수 있는 판매기가 있다면 기뻐할 거라고 음료 회사 사장이 생각했기 때문에**

어휘 飲み物(마실 것, 음료) | 自動(자동) | 販売機(판매기) | 缶コーヒー(캔 커피) | ペットボトル(페트병) | お茶(차) | 台(~대) | 温かい(따뜻하다) | 冷たい(차갑다) | 選ぶ(고르다) | 売る(팔다) | 高速道路(고속도로) | 駐車場(주차장) | トラック(트럭) | 運転手(운전수) | ジュース(주스) | とても(매우) | 飲料(음료) | 社長(사장) | ~て欲しい(해 주길 바라다) | 気の毒(불쌍한, 딱한, 가엾은) | 喜ぶ(기뻐하다)

해설 밑줄 부분의 내용을 파악하는 문제는, 우선 밑줄이 포함된 문장을 꼼꼼히 읽는 것이 제일 중요하다. 밑줄 부분이 포함된 마지막 문장을 읽어보면「それから(그리고 나서)」라는 지시어가 있는 것을 알 수 있는데, 이 지시어가 가리키는 내용을 파악해 두면 쉽게 정답을 찾을 수 있다. 필자는 '그리고 나서 10년 걸려서 지금의 자판기가 만들어졌다'고 했는데, 여기에서 지시어가 가리키는 내용은 바로 앞 문장의 "추운 겨울에 차가운 음료를 마시는 트럭 운전사를 보고, 너무 추워 보여서 따뜻한 음료를 마시길 바랐다"는 부분을 나타내고 있으므로 정답은 4번이 된다.

(4) 정답 1

12月2日の朝、パクさんが出勤すると、机の上に黒田課長からのメモが置いてあった。

> パクさん
> 先週の新製品の企業向け説明会の報告資料を見ました。内容はわかりやすくていいと思います。
> 明日の午後、私が会議に出て、この資料を使って報告することになりました。参加企業のリストも欲しいので、準備しておいてください。
> 明日は、モリムラ工業に寄ってから出勤するので、会社に着くのは11時ごろになる予定です。それまでにお願いします。
> 12月1日(木) 19:30
> 黒田

27 このメモを読んで、パクさんがしなければならないことは何か。

1. 11時ごろまでに、説明会に参加した企業のリストを準備しておく。
2. 午後の会議までに、説明会の報告資料をわかりやすく書き直す。
3. 午後の会議までに報告資料を直し、会議で説明会について報告する。
4. 黒田課長がモリムラ工業に行くまでに、説明会の報告資料を完成させる。

12월 2일 아침, 박 씨가 출근하자, 책상 위에 쿠로다 과장님에게서의 메모가 놓여 있었다.

> 박 씨
> 지난주 신제품 기업용 설명회 보고자료 보았습니다. 내용은 알기 쉽고 좋다고 생각했습니다.
> 내일 오후, 내가 회의에 나가서, 이 자료를 사용해서 보고하게 되었습니다. 참가 기업 리스트도 갖고 싶으니까 준비해 둬 주세요.
> 내일은 모리무라 공업에 들리고 나서 출근하기 때문에, 회사에 도착하는 것은 11시 무렵이 될 예정입니다. 그때까지 부탁합니다.
> 12월 1일(목) 19:30
> 쿠로다

27 이 메모를 읽고 박 씨가 하지 않으면 안 되는 것은 무엇인가?

1. 11시 무렵까지, 설명회에 참가한 기업 리스트를 준비해 둔다.
2. 오후 회의까지, 설명회 보고 자료를 알기 쉽게 다시 쓴다.
3. 오후 회의까지 보고자료를 고치고, 회의에서 설명에 대해서 보고한다.
4. 쿠로다 과장이 모리무라공업에 가기까지 설명회 보고자료를 완성한다.

어휘 出勤(출근) | 机(책상) | メモ(메모) | 先週(지난 주) | 新製品(신제품) | 企業(기업) | 向け(~용) | 説明会(설명회) | 報告(보고) | 資料(자료) | 内容(내용) | 会議(회의) | 参加(참가) | リスト(리스트) | 準備(준비) | 工業(공업) | 寄る(들르다) | 着く(도착하다) | 予定(예정) | 書き直す(고쳐 쓰다, 다시 쓰다) | 完成(완성)

해설 메모를 보고 해야 하는 일을 찾는 문제에서는 본문을 읽으며, 이미 완료한 일과 지금부터 해야 할 일, 해야 할 일의 순서를 정리해 두는 것이 중요하다. 쿠로다 과장은 신제품 기업용 설명회 보고자료를 보고 정리가 잘 되어있다고 칭찬하며, 참가 기업 리스트를 새로 준비할 것을 지시하고 있다. 따라서 정답은 1번이 된다. 설명회에서 보고하는 것은 쿠로다 과장이며, 설명회 자료는 이미 완성되었다고 했으므로 3번과 4번은 오답이다.

問題5	つぎの(1)と(2)の文章を読んで、質問に答えなさい。答えは、1・2・3・4から最もよいものを一つえらびなさい。
문제5	다음 (1)에서 (2)의 문장을 읽고, 질문에 답하시오. 답은 1・2・3・4에서 가장 좋은 것을 하나 고르시오.

(1)

私は本が好きで、よく本を買うのですが、先日失敗をしてしまいました。28 家で買ったばかりの本を読んでいたら、前に読んだことがあるような気がしてきたのです。もしかしたら持っている本かもしれないと思って本棚を探してみたら、やっぱりありました。そして、その本を読んだことも思い出したのです。

私はたまにこんな失敗をします。読んだことがある本なのに、買ったことも内容も忘れているのです。

それが面白くない本だったときは、つまらない本のために二度もお金を払ったことが悔しくなります。でも、面白くて感動した本だったときには、悔しいだけではなく自分が嫌になります。29 いいと思った本のことを忘れてしまった自分が情けないのです。

これからも同じようなことをしてしまうかもしれません。30 でも、本を読むのは楽しいので、本屋通いはやめられそうもありません。

나는 책을 좋아해서, 자주 책을 사는 것입니다만, 요 전날 ①실패를 했습니다. 28 집에서 산지 얼마 안되는 책을 읽고 있었는데, 전에 읽은 적이 있는 느낌이 든 것입니다. 어쩌면 갖고 있는 책일지도 모른다고 생각하고 책장을 찾아봤더니 역시 있었습니다. 그리고 그 책을 읽은 것을 생각해 낸 것입니다.

나는 가끔 이런 실패를 합니다. 읽은 적이 있는 책인데, 산 것도 내용도 잊어버리고 있는 것입니다.

그것이 재미있지 않은 책이었을 때는, 재미없는 책 때문에 2번이나 돈을 지불한 것이 분해집니다. 하지만, 재미있고 감동한 책이었을 때는 분한 것 뿐만이 아니고 ②자신이 싫어집니다. 29 좋다고 생각한 책도 잊어버린 자신이 한심한 것입니다.

앞으로도 같은 일을 해 버릴지도 모릅니다. 30 하지만 책을 읽는 것은 즐겁기 때문에 서점 다니는 것은 그만둘 수 있을 것 같지도 않습니다.

어휘 失敗(실패) | ~たばかり(갓 ~한, ~한지 얼마 안되는) | ~たことがある(~한 적이 있다) | もしかしたら(어쩌면) | 本棚(책장) | 探す(찾다) | 思い出す(떠올리다, 생각해 내다) | 忘れる(잊다) | つまらない(재미 없다) | 払う(지불하다) | 悔しい(분하다) | 情けない(한심하다) | 本屋(책 방, 서점) | 通う(눈에 띄다) | ~しそうにない(~할 수 있을 것 같지 않다) | 入れる(넣다) | 覚える(기억하다) | 調べる(조사하다) | 繰り返す(반복하다, 되풀이 하다)

28 정답 2

①失敗とあるが、どのようなことか。	①실패라고 있는데, 어떠한 것인가?
1. 買ったばかりの本を本棚に入れたまま、読むのを忘れてしまったこと	1. 산지 얼마 안 되는 책을 책장에 넣은 채, 읽는 것도 잊어버린 것
2. 前に読んだことを忘れて、同じ本をまた買ってしまったこと	2. 전에 읽은 것을 잊고, 같은 책을 또 사 버린 것

3. 持っていない本なのに、本棚にあるはずだと思って探してしまったこと	3. 갖고 있지 않은 책인데, 책장에 있을 터라고 생각하고 찾아 버린 것
4. 初めて読む本なのに、前に読んだことがあると思ってしまったこと	4. 처음 읽은 책인데, 전에 읽은 적이 있다고 생각해 버리는 것

해설 필자가 한 '실패'에 관해서 뒷 문장에서 설명을 하고 있다. 필자는 산지 얼마 안 된 책을 읽고 있었는데, 읽은 적이 있는 느낌이 들었다는 것과 가지고 있는지 확인해 보았더니 그 책이 있었다고 설명하고 있으므로, 필자가 한 '실패'는 '전에 읽은 것을 잊고 다시 같은 책을 사 버린 것'을 나타낸다, 따라서 정답은 2번이다.

29 정답 3

②自分が嫌になりますとあるが、それはなぜか。	②자신이 싫어집니다라고 있는데, 그것은 왜인가?
1. 前に読んで面白いと思った本なのに、もう一度読んだら、つまらないと感じたから	1. 전에 읽고 재미있다고 생각한 책인데, 다시 한번 읽었더니 재미없다고 느꼈으니까
2. 前に読んでつまらないと思った本なのに、もう一度読んだら、面白いと感じたから	2. 전에 읽고 재미없다고 생각한 책인데 다시 한번 읽었더니, 재미있다고 느꼈으니까
3. 一度読んで面白いと思った本なのに、その本のことを覚えていなかったから	3. 한번 읽고 재미있다고 느낀 책인데, 그 책을 기억하고 있지 않으니까
4. 一度読んでつまらないと思った本なのに、二度もお金を払ってしまったから	4. 한번 읽고 재미없다고 생각한 책인데, 두 번이나 돈을 지불해 버렸으니까.

해설 "자신이 싫어진" 이유를 찾는 문제인데, 원인이나 이유는 순접의 접속사나, 바로 앞문장이나 뒷문장에 제시되어 있는 경우가 많다. 필자는 자신이 싫어진 이유에 대해서, "좋다고 생각한 책의 내용을 잊어버린 자신이 한심하게 느껴진다"고 했다, 따라서 정답은 3번이다.

30 정답 4

本を買うことについて、「私」はどう思っているか。	책을 사는 것에 대해서 "나"는 어떻게 생각하고 있는가?
1. これからは失敗しないように、よく調べてから本を買うようになるだろう。	1. 지금부터는 실패하지 않도록, 잘 조사하고 나서 책을 사게 될 것이다.
2. 同じ失敗を繰り返さないために、なるべく本屋に通わないようにするだろう。	2. 같은 실패를 되풀이하지 않기 위해서, 가능한 서점을 다니지 않도록 할 것이다.
3. 本を好きになるために、これからも失敗を気にせずに本屋通いをするだろう。	3. 책을 좋아해지기 위해서, 이제부터도 실패를 신경 쓰지 않고 서점에 다닐 것이다.
4. 失敗することもあるかもしれないが、これからも自分は本を買い続けるだろう。	4. 실패를 하는 것도 있을지도 모르지만, 이제부터도 자신은 책을 계속 살 것이다.

해설 필자의 주장을 찾는 문제이다. 마지막 단락에서 필자는 한번 산 책을 다시 사는 실패는 앞으로도 할지도 모르지만, "책을 읽는 것

은 재미있으니 서점에는 계속 가겠다"고 했다. 즉, 앞으로도 책을 계속 살 것이라는 필자의 생각을 제시하고 있으므로, 정답은 4번이 된다.

(2)

突然の雨で、傘がなくて困ったり、慌てて傘を買ったのにすぐ晴れてしまった、という経験をした人は多いだろう。**31** 必要な時だけ傘が借りられたら、どんなに便利だろうか。

実は、それが可能な町がある。この町は、「弁当を忘れても傘を忘れるな」という言葉があるように、とても雨が多い。そして、観光客の多い町でもある。傘がなくてもみんなが困らないように、最近、この町のあるグループが「貸し傘」活動を始めた。

32 この傘は、観光客でも市民でも無料で自由に利用できる。現在、4,500本以上がバスやスーパー、公共の建物などの「貸し傘」用の傘立てに置いてあって、必要な時はそれを借りることができる。返すのは借りたのと同じ傘立てでなくてもいい。

「貸し傘」を始めたグループでは、**33** 借りた傘は大切に使い、きちんと返してほしいと言っている。また、どこかに置いたままの「貸し傘」を見つけたら傘立てに戻すなどの協力もしてほしいと呼びかけている。

갑자기 비가 와서, 우산이 없어서 곤란하거나 당황해서 우산을 샀는데 바로 맑아졌다, 라는 경험을 한 사람은 많을 것이다. **31** 필요한 때에만 우산을 빌릴 수 있다면, 얼마나 편할까?

실은, 그것이 가능한 마을이 있다. 이 마을은, "도시락을 잊어버려도 우산은 잃어버리지마"라는 말이 있는 것처럼 매우 비가 많다. 그리고, 관광객이 많은 마을이다. 우산이 없어도 모두가 곤란하지 않도록, 최근, 이 마을의 어느 그룹이 "우산 빌려주기" 활동을 시작했다.

32 이 우산은, 관광객이라도 시민이라도 무료로 자유롭게 이용할 수 있다. 현재, 4,500개 이상이 버스 정류장이나 슈퍼, 공공 건물 등의 "우산 빌려주기"용 우산 꽂이에 놓여 있어, 필요한 때는 그것을 빌릴 수가 있다. 되돌려주는 것은 빌린 것과 같은 우산 꽂이가 아니어도 좋다.

"우산 빌려주기"를 시작한 그룹은, **33** 빌린 우산을 소중히 사용하고, 제대로 되돌려주기를 바란다고 말하고 있다. 어딘가에 놓은 채인 "빌려주는 우산"을 발견하면 우산 꽂이에 되돌리는 등의 협력도 해 주기 바란다고 호소하고 있다.

어휘 突然(돌연, 갑자기) | 雨(비) | 困る(곤란하다) | 慌てる(당황하다) | 晴れる(개다, 맑다) | 経験(경험) | 必要(필요) | 借りる(빌리다) | 可能(가능) | 町(마을) | 弁当(도시락) | 言葉(말, 단어) | 観光客(관광객) | グループ(그룹) | 無料(무료) | 市民(시민) | バス(버스 정류장) | 建物(건물) | 傘立て(우산 꽂이) | 貸す(빌려주다) | 見つける(발견하다) | 戻す(되돌리다) | 協力(협력) | 呼びかける(호소하다) | 傘をさす(우산을 쓰다) | 記念(기념) | 扱う(취급하다) | どんどん(자꾸자꾸) | 増える(늘다) | 不足(부족) | 不要(불필요) | 集める(모으다)

31 정답 3

それとあるが、何か。	그것이라고 있는데, 무엇인가?
1. 突然雨が降った時に、すぐに傘を買うこと	1. 돌연 비가 내렸을 때에, 바로 우산을 사는 것
2. 買っても使わなかった傘を、店に返すこと	2. 사도 사용하지 않았던 우산을 가게에 되돌려 주는 것
3. 使いたい時にだけ、傘を借りて使うこと	3. 사용하고 싶을 때에만 우산을 빌려서 사용하는 것
4. 雨の日に、傘をささずに観光をすること	4. 비가 오는 날에, 우산을 쓰지 않고 관광을 하는 것

해설 지시어의 내용은 지시어가 포함된 문장의 앞 문장에 제시되어 있는 경우가 많다. 첫 단락에서 필자는 "필요할 때만 우산을 빌릴 수 있다면 얼마나 편리할까?"라고 전체 테마를 제시하고 있는데, 이 부분이 지시어가 가리키는 내용이다. 따라서, 정답은 3번이다.

32 정답 4

「貸し傘」についての説明で、合っているものはどれか。	"빌려주는 우산"에 관한 설명으로, 맞는 것은 어느 것인가?
1. この町に来た観光客だけが利用できる。 2. 「貸し傘」のグループのメンバーだけが利用できる。 3. 観光客なら、利用した傘を記念に持ち帰ってもいい。 4. 利用した後は、「貸し傘」用の傘立てのどれかに返せばいい。	1. 이 마을에 온 관광객만이 이용할 수 있다. 2. "빌리는 우산" 그룹의 멤버 만이 이용할 수 있다. 3. 관광객이라면, 이용한 우산을 기념으로 가지고 돌아가도 된다. 4. 이용한 후에는 "빌려주는 우산"용의 우산 꽂이의 어느 것인가에 되돌려주면 된다.

해설 세번 째 단락에서 '빌려주는 우산'의 사용법에 대해서 설명하고 있는데, 이 우산은 '1) 관광객이라도, 시민이라도 자유롭게 사용 가능하며 2) 필요할 때 언제든 빌릴 수 있으며, 3) 되돌려 줄 때는 아무 우산 꽂이에나 되돌려주면' 된다고 했다. 따라서 정답은 4번이다.

33 정답 1

「貸し傘」を始めたグループが、利用する人にしてほしいと言っていることは何か。	"빌려주는 우산"을 시작한 그룹이, 이용하는 사람에게 해 주었으면 좋겠다고 하고 있는 것은 무엇인가?
1. 傘を大事に扱い、「貸し傘」の活動がうまくいくように協力してほしい。 2. 傘をどんどん借りて、「貸し傘」の利用者が増えるように協力してほしい。 3. 「貸し傘」の傘が不足しないように、不要な傘を集めるのに協力してほしい。 4. 「貸し傘」の傘が返しやすくなるように、傘立てを増やすことに協力してほしい。	1. 우산을 소중히 다루고, "빌려주는 우산" 활동이 잘 되도록 협력해 주길 바란다. 2. 우산을 자꾸자꾸 빌려서 "빌려주는 우산"이용자가 늘도록 협력해 주길 바란다. 3. "빌려주는 우산"의 우산이 부족하지 않도록, 불필요한 우산을 모으는데 협력해 주기를 바란다. 4. "빌려주는 우산"의 우산을 되돌려주기 쉬워지도록, 우산 꽂이를 늘리는 것에 협력해주기를 바란다.

해설 마지막 단락에서 '빌려주는 우산'을 시작한 그룹은 '1) 우산을 소중히 사용하고 다시 되돌려줄 것 2) 놓여져 있는 '빌려주는 우산'을 발견하면 우산 꽂이에 되돌려주는 것에 협조할 것'을 호소하고 있다. 즉, 소중히 사용하여 '빌려주는 우산' 활동이 향후에도 계속되도록 협조해 줄 것을 호소하고 있으므로, 정답은 1번이 된다.

問題6 / 문제6

つぎの文章を読んで、質問に答えなさい。答えは1・2・3・4から最もよいものを一つえらびなさい。

다음 문장을 읽고 질문에 답하시오. 답은 1・2・3・4에서 가장 좋은 것을 하나 고르시오.

先日、テレビであるタクシー会社の話が紹介されていた。

タクシーの運転手は、利用者から「急いでください。」と言われることが多いので、急ぐことがサービスになると思っている人が多い。それで、走り出してすぐにスピードを上げたり、前の車が遅いときは追い越したりしていた。 34 ところが、その会社が利用者にアンケート調査を行ってみると、70％以上の人が「ゆっくり走ってほしいと思ったことがある」と答えたそうだ。

「驚きました。 35 多くのお客様が希望しているサービスは、私たちが考えていたのとは反対のものだったんです。」と会社の人は話していた。

会社は、この結果から、必ずしも急ぐ必要がある人ばかりではないと気がついた。急ごうとすると、どうしても車が大きく揺れてしまうことがある。小さい子供を連れた人や車に酔いやすい人など、ゆっくり丁寧に運転してほしいと思う利用者もいるのだ。 36 しかし、急いでくれている運転手に「急がなくてもいいから、丁寧に運転してください。」とは言いにくい人が多いのだろうと考えた。

そこで、この会社では、利用者が座る席の前にボタンをつけ、利用者がそのボタンを押せば、いつもよりゆっくり丁寧に運転するというサービスを開始した。これなら、希望を言い出しにくい人でも、遠慮なく希望を運転手に伝えることができる。

37 このサービスを喜ぶ利用者は多く、会社のイメージも上がって、予約が１５％もアップしたそうだ。それに、丁寧に運転するとガソリンの消費量も減り、環境にも優しい。そう考えると、これは素晴らしいアイディアなのではないだろうか。

요 전날, 텔레비전에서 어떤 택시 회사 이야기가 소개되고 있었다.

택시 운전수는 이용자로부터 "서둘러 주세요"라고 듣는 경우가 많기 때문에, 서두르는 것이 서비스가 된다고 생각하고 있는 사람이 많다. 그래서, 달리기 시작하면 바로 스피드를 올리거나, 앞 차가 늦을 때는 추월하거나 했다. 34 그런데, 그 회사가 이용자에게 앙케이트 조사를 해 보니, 70% 이상의 사람이 "천천히 달려 주길 바란다고 생각한 적이 있다"고 대답했다고 한다.

"놀랐습니다. 35 많은 손님이 희망하고 있는 서비스는, 우리들이 생각하고 있던 것과는 반대의 것이었던 것입니다."고 회사 사람은 이야기하고 있었다.

회사는, 이 결과에서 반드시 서두를 필요가 있는 사람만이 아니라고 깨달았다. 서두르려고 하면, 아무래도 차가 크게 흔들려 버리는 경우가 있다. 어린 아이들을 데리고 있는 사람이나 차 멀미를 하기 쉬운 사람 등, 천천히 신중하게 운전해 주길 바란다고 생각하는 이용자도 있는 것이다. 36 하지만, 서둘러 주고 있는 운전사에게 "서두르지 않아도 되니까, 신중하게 운전해 주세요"라고는 말하기 어려운 사람이 많을 것이라고 생각했다.

그래서, 이 회사에서는, 이용자가 앉는 자리 앞에 버튼을 달고, 이용자가 그 버튼을 누르면, 여느 때보다 천천히 신중하게 운전한다는 서비스를 개시했다. 이거라면, 희망을 꺼내기 어려운 사람이라도, 사양 없이 희망을 운전사에게 전할 수가 있다.

37 이 서비스를 기뻐하는 이용자는 많아, 회사 이미지도 올라가서 예약이 15%나 올랐다고 한다. 게다가 신중하게 운전하면 가솔린 소비량도 줄어, 환경에도 친절하다. 그렇게 생각하면, 이것은 훌륭한 아이디어인 것이 아닐까?

어휘 先日(요 전날) | タクシー(택시) | 紹介(소개) | 運転手(운전수) | 利用者(이용자) | 急ぐ(서두르다) | サービス(서비스)

정답 및 해설(독해)

走り出す(달리기 시작하다) | スピード(스피드, 속도) | 遅い(늦다) | 追い越す(추월하다, 쫓다) | アンケート調査(앙케이트 조사) | ゆっくり(천천히) | お客様(손님) | 希望(희망) | 反対(반대) | 結果(결과) | 必ずしも(반드시) | 揺れる(흔들리다) | 連れる(데리고 가다, 동반하다) | 酔う(취하다) | 丁寧に(차분하게, 공손하게) | 座る(앉다) | ボタン(버튼) | 押す(누르다) | 開始(개시) | 遠慮(사양, 거리낌) | 消費量(소비량) | ガソリン(가솔린, 휘발유) | 環境(환경) | 優しい(친절하다) | 素晴らしい(훌륭하다) | アイディア(아이디어) | 満足(만족) | 期待(기대) | 予想(예상) | 直接(직접) | なるべく(가능한 한, 되도록) | 多少(다소) | 両方(양쪽) | 支出(지출)

34 정답 4

このタクシー会社が調査をして、わかったことはどのようなことか。	이 택시 회사가 조사를 해서, 안 것은 어떠한 것인가?
1. 急ぐことが利用者へのサービスになると思っている運転手が多い。	1. 서두르는 것이 이용자에 대한 서비스가 된다고 생각하고 있는 운전사가 많다.
2. スピードを急に上げたり、前の車を追い越したりする運転手が多い。	2. 스피드를 갑자기 올리거나, 앞 차를 추월하거나 하는 운전사가 많다.
3. 運転手は丁寧な運転をしてくれていると考えている利用者が多い。	3. 운전사는 신중한 운전을 해 주고 있다고 생각하고 있는 이용자가 많다.
4. ゆっくり運転してもらいたいと思ったことがある利用者が多い。	4. 천천히 운전해 받고 싶다고 생각한 적이 있는 이용자가 많다.

해설 앙케이트 조사 내용을 설명하고 있는 부분을 찾으면 쉽게 정답을 찾을 수 있다. 택시는 일반적으로 '서두르는 것'이 서비스가 된다고 생각하는 경향이 있는데, 한 택시회사가 앙케이트 조사를 해 봤더니 "70% 이상이 천천히 달렸으면 좋겠다고 생각한 적이 있다"고 대답한 조사를 소개하고 있다. 따라서 정답은 4번이 된다.

35 정답 4

①驚きましたとあるが、なぜ驚いたのか。	①놀랐습니다고 있는데, 왜 놀랐는가?
1. アンケートで、満足している利用者が思った以上に多いことがわかったから	1. 앙케이트에서 만족하고 있는 이용자가 생각 이상으로 많은 것을 알았으니까
2. アンケートに答えてくれた利用者が、期待したよりずっと多かったから	2. 앙케이트에 대답해 준 이용자가 기대한 것보다 훨씬 많았으니까
3. アンケートを行っても、利用者の本当の希望はわからなかったから	3. 앙케이트를 해도, 이용자의 진정한 희망은 몰랐으니까
4. アンケートでわかった利用者の希望が、予想と違っていたから	4. 앙케이트로 안 이용자 희망이 예상과 달랐으니까

해설 대화문에서는 결론을 먼저 제시한 뒤, 부연 설명으로 원인이나 이유를 제시하는 경우도 많다. 필자는 앙케이트 조사를 한 회사 사람의 이야기를 소개하며, "택시회사가 생각하고 있던 서비스와 손님이 희망하고 있던 서비스가 달라서 놀랐다"고 설명하고 있

다. 즉, 앙케이트 조사 결과가 택시 회사가 예상하고 있던 이유와 달라서 놀랐다는 것이므로 정답은 4번이 된다.

36 정답 1

このタクシー会社が、ボタンを使って利用者の希望を聞けるようにしたのはなぜか。	이 택시 회사가, 버튼을 사용해서 이용자 희망을 들을 수 있도록 한 것은 왜인가?
1. 運転手に直接希望を言いにくいと感じている利用者が多いようだから	1. 운전사에게 직접 희망을 말하기 어렵다고 느끼고 있는 이용자가 많은 것 같으니까
2. 運転中に利用者の声がよく聞こえない運転手が多いようだから	2. 운전 중에 이용자 목소리가 잘 들리지 않는 운전사가 많은 것 같으니까
3. ボタンをつけてほしいという希望を持つ利用者が多いようだから	3. 버튼을 달아 주었으면 좋겠다는 희망을 갖은 이용자가 많은 것 같으니까
4. 利用者となるべく話をしたくないと考える運転手が多いようだから	4. 이용자가 가능한 이야기를 하고 싶지 않다고 생각하는 운전사가 많은 것 같으니까

해설 특정 키워드의 내용을 파악하는 문제는, 본문 안에서 그 키워드가 제시되어 있는 문장을 찾으면 정답에 연결되는 중요한 힌트를 찾을 수 있는 경우가 많다. 4번째 단락,「そこで~(그래서~)」부분에 "택시 회사가 버튼을 달았다."는 내용이 제시되어 있는데, 「そこで(그래서)」는 순접의 접속사로, 앞 부분에 원인이나 이유가 제시되어 있는 경우가 많다. 앞 문장에서, 이 택시회사는 "서두르고 있는 택시 운전사에게 천천히 가 주세요"라는 희망을 이야기하는 것이 어려울 것 같아서 버튼을 달았다고 설명하고 있으므로 정답은 1번이 된다.

37 정답 3

②素晴らしいアイディアとあるが、この文章を書いた人は、なぜそのように言っているのか。	②훌륭한 아이디어라고 있는데, 이 문장을 쓴 사람은, 왜 그렇게 말하고 있는가?
1. 利用者は多少減ってしまうが、環境に優しいサービスだから	1. 이용자는 다소 줄어 버리지만, 환경에 친절한 서비스니까
2. 会社と利用者がいっしょに考えた、環境に優しいサービスだから	2. 회사와 이용자가 함께 생각한, 환경에 친절한 서비스니까
3. 利用者、会社の両方にいい点があり、環境にも優しいサービスだから	3. 이용자, 회사 양쪽에 좋은 점이 있고, 환경에도 친절한 서비스니까
4. 会社の支出は増えるが、利用者や環境に優しいサービスだから	4. 회사 지출은 늘지만, 이용자나 환경에 친절한 서비스니까

해설 지시어의 내용을 파악하는 문제이다. 앞 문장에서 이 서비스에 기뻐하는 이용자도 많고, 택시 회사의 매출도 상승했으며, 가솔린 소비량도 줄어 환경에도 좋다고 했으므로, 이용자와 회사 양쪽에 좋고, 환경에까지 좋다는 것이 된다. 따라서 정답은 3번이다.

問題7	右のページは、動物園のポスターである。これを読んで、下の質問に答えなさい。答えは、1・2・3・4から最もよいものを一つえらびなさい。
문제7	오른쪽 페이지는, 동물원 포스터이다. 이것을 읽고 아래 질문에 답하시오. 답은 1・2・3・4에서 가장 좋은 것을 하나 고르시오.

大原動物園をもっと楽しむために

A 動物園案内
専門の係の説明を受けながら、動物園の中を歩きます。必要時間は約1時間です。

38 毎日3回
①10時半〜、②14時半〜、③16時〜

B 動物教室
普段知ることのできない、動物たちの生活について話を聞くことができます。

8 毎週日曜13時半〜15時
（途中からでも参加できます）

C 台所見学
動物たちのえさを準備しているところが見られます。必要時間は約45分〜1時間です。

毎週土曜14時半〜

D 川の生き物教室
川の生き物に実際に触ったりしながら、楽しく学べます。

毎週火曜、木曜　15時〜16時
毎週土曜　13時〜14時
毎週日曜　11時〜12時

申し込み、参加料金　すべて不要

集合場所
A、C、D：正面口
B：資料館1階受付（途中参加の人も）

夜の動物園
昼とは違う、夜の動物たちの様子を見てください。

日時 8月2日、9日、16日、23日、30日
各日17時〜21時（入園は19時半まで）

오하라 동물원을 더 즐기기 위해서

A 동물원 안내
전문 담당자의 설명을 받으면서, 동물원 안을 걷습니다. 필요 시간은 약 1시간입니다.

매일 3회
① 10시반~, ②14시반 ③16시~

B 동물 교실
평소에 알 수 없는 동물들의 생활에 관해서 이야기를 들을 수 있습니다.

매주 일요일 13시반~15시
(도중에서도 참가할 수 있습니다)

C 부엌 견학
동물들의 먹이를 준비하고 있는 것을 볼 수 있습니다. 필요시간은 약 45분~1시간입니다.

매주 토요일 14시반~

D 강의 생물 교실
강의 생물을 직접 만지면서 즐겁게 배울 수 있습니다.

매주 화요일 목요일 15시~16시
매주 토요일 13시~14시
매주 일요일 11시~12시

신청, 참가 요금 모두 불필요

집합장소
A, C, D : 정면 입구
B : 자료관 1층 접수(도중 참가 사람도)

밤 동물원
낮과는 다른, 밤의 동물들의 모습을 봐 주세요.

일시 8월 2일, 9일, 16일, 23일, 30일
각일 17시반~21시(입장은 19시반까지)

入園料 39 昼と同じ入園料がかかります。 昼の最終入園時間（16時半）までに入園された方は、17時の閉園時に一度園の外に出て、17時半に夜の動物園が開園後、もう一度入園料を支払って入園していただく必要があります。 入り 東口は17時で閉めますので、正面口からお入りください。 レストラン、売店 営業しています。	입장료 39 낮과 마찬가지로 입장료가 필요합니다. 39 낮 최종 입장시간(16시반)까지 입장하신 분은, 17시 폐원 시에 한 번 동물원 밖으로 나가서, 17시반에 밤 동물원 개원 후, 다시 한번 입장료를 지불하고 입장해 주실 필요가 있습니다. 입구 동쪽 입구는 17시에 닫기 때문에 정면 입구에서 들어가 주세요. 레스토랑, 매점 영업하고 있습니다.

어휘 動物園(동물원) | イベント(이벤트) | 専門(전문) | 係(담당) | 教室(교실) | 台所(부엌) | 見学(견학) | えさ(먹이) | 準備(준비) | 途中(도중) | 参加(참가) | 実際(실제) | 触る(만지다) | 申し込み(신청) | 様子(모습, 모양) | 入院(입원) | 閉園(폐원) | 支払う(지불하다) | 売店(매점) | ポスター(포스터) | 食事(식사)

38 정답 2

今日は日曜日である。ソフィさんは14時に入園し、このポスターを見た。動物園が昼間に行っている案内や教室の中で、今から参加できるものはどれか。	오늘은 일요일이다. 소피 씨는 14시에 입장하여 이 포스터를 봤다. 동물원이 낮 사이에 하고 있는 안내나 교실 중에서 지금부터 참가할 수 있는 것은 어느 것인가?
1. Aだけ	1. A만
2. AとB	2. A와 B
3. AとBとC	3. A와 B와 C
4. BとD	4. B와 D

해설 정보 검색 문제는, 질문문의 조건과 일치하는 것을 찾는 것이 포인트이므로, 문제를 먼저 확인하고, 조건을 먼저 체크해 두는 것이 좋다. 소피 씨는 일요일 14시에 동물원에 들어가서 포스터를 보고, 무언가에 참가하고 싶다고 했다. '일요일 14시'라는 요일과 시간이 제시되어 있으므로, 이 조건과 일치하는 교실을 찾으면 A와 B가 가능하다. C는 토요일에 개최되며, D는 일요일은 11시에서 12시까지 행해지므로 참가할 수 없다. 따라서 정답은 2번이 된다.

39 정답 2

カクさんは8月9日の昼に動物園に来て、園内でポスターを見て、その日の「夜の動物園」も見たくなった。「夜の動物園」を見るために、カクさんがしなければならないことはどれか。	카쿠 씨는 8월 9일 낮에 동물원에 와서, 원 내에서 포스터를 보고, "밤 동물원"도 보고 싶어졌다. "밤 동물원"을 보기 위해서, 카쿠 씨가 하지 않으면 안되는 것은 어느 것인가?
1. 17時半までに、もう一度入園する。	1. 17시 반까지, 다시 한번 입장한다.
2. 昼とは別に入園料を払って、もう一度入園する。	2. 낮과는 다른 입장료를 지불하고, 다시 한번 입장한다.
3. 東口から、もう一度入園する。	3. 동쪽 입구에서 다시 한번 입장한다.
4. 外で食事をすませてから、もう一度入園する。	4. 밖에서 식사를 끝내고 나서, 다시 한번 입장한다.

해설 가쿠 씨는 낮에 동물원에 와서 '밤 동물원'을 관람하고 싶다고 했는데, 포스터를 보면, 낮 시간에 입장한 관객은 일단, 17시 폐원 때 나간 후에, 17시 반 밤 동물원 개원 후 다시 한번 입장료를 지불하고 입장해야 한다고 써 있으므로, 정답은 2번이다. '낮과 동일한 입장료가 든다'는 부분이 힌트이다.

3교시 청해

p47

問題1 / 문제1

問題1では、まず質問を聞いてください。それから話を聞いて、問題用紙の1から4の中から最もよいものを一つえらんでください。

문제1에서는 우선 질문을 들어주세요. 그리고 나서 이야기를 듣고, 문제용지 1에서 4 중에서 가장 좋은 것을 하나 골라 주세요.

(M 남성 | F 여성)

예 정답 1

ホテルで会社員の男の人と女の人が話しています。女の人は明日何時までにホテルを出ますか。	호텔에서 회사원인 남자와 여자가 이야기하고 있습니다. 여자는 내일 몇 시까지 호텔을 나갑니까?
M：では、明日は、9時半に事務所にいらしてください。 F：はい、ええと、このホテルから事務所まで、タクシーでどのぐらいかかりますか。 M：そうですね、30分もあれば着きますね。 F：じゃ、9時に出ればいいですね。 M：あ、朝は道が込むかもしれません。15分ぐらい早めに出られたほうがいいですね。 F：そうですか。じゃ、そうします。	M : 그러면, 내일은, 9시 반에 사무실에 와 주세요. F : 네, 어, 이 호텔에서 사무실까지 택시로 어느 정도 걸릴까요? M : 음~, 30분 정도면 도착해요. F : 그럼, 9시에 나가면 되겠네요. M : 아, 아침은 길이 막힐지도 몰라요. 15분 정도 빨리 나오시는 편이 좋아요. F : 그렇습니까? 그러면, 그렇게 하겠습니다.
女の人は明日何時までにホテルを出ますか。	여자는 내일 몇 시까지 호텔을 나갑니까?
1. 8時45分 2. 9時 3. 9時15分 4. 9時30分	1. 8시 45분 2. 9시 3. 9시 15분 4. 9시 30분

어휘 ホテル(호텔) | 会社員(회사원) | 出る(나오다) | 明日(내일) | いらっしゃる(계시다, 行く(가다), 来る(오다), いる(있다)의 존경어) | 事務所(사무소, 사무실) | ~から~まで(~에서~까지) | 着く(도착하다) | 込む(붐비다) | ~かもしれない(~일지도 모른다) | 早め(조금 빠른듯한)

해설 화제 이해 파트에서는 해야 하는 일의 순서를 묻는 문제가 출제된다. 특히, JLPT N3 레벨에서는 언제 출발하는지 또는 지불해야 하는 금액의 총액을 계산하는 문제도 출제된다. 차분하게 흐름을 따라가며, 조건에 따라 시간이나 금액을 더하거나 빼 나가면 된다. 남자와 여자의 대화에서 여자가 내일 아침 몇 시에 호텔을 출발하는지를 묻는 문제인데, 내일 아침에 사무실에 9시 반까지 도착해야 하는데, 호텔에서 사무실까지는 '30분' 걸린다고 했다. 단 아침에는 길이 막히니 15분 정도 일찍 나오는 편이 좋다고 했으므로, '9시 반 – 30분 – 15분 = 8시 45분'이 정답이다.

1번 정답 2	
電話で妻と夫が話しています。夫はこれから何をしますか。	전화로 아내와 남편이 이야기하고 있습니다. 남편은 지금부터 무엇을 합니까?
F：もしもし、今、用事が終わったから帰ろうと思って駅に来たんだけど、電車が動いてなくって。 M：えっ本当？ F：うん。少し帰る時間が遅くなっちゃうと思う。そろそろ暗くなるし、洗濯物取り込んどいてくれる？ M：分かった。 F：それから、もうすぐ荷物が届くことになってるから、受け取っといて。 M：ああ、それさっき届いたよ。晩ご飯どうする？作っておこうか。 F：ありがとう。それは大丈夫。何かすぐ食べられるもの買って帰るから。それより、庭の花に水やっといてもらえない？いろいろ頼んで悪いんだけど。 M：分かった。	F : 여보세요, 지금 용무가 끝나서 돌아가려고 생각하고 역에 왔는데, 전차가 움직이지 않아서. M : 에에? 정말? F : 응, 조금 돌아가는 시간이 늦어질 거라고 생각해. 슬슬 어두워지니까, 세탁물 걷어 둬 줄래? M : 알았어. F : 그리고, 이제 곧 짐이 도착하게 되어 있으니까, 받아 둬 줘. M : 아, 그거 조금 전에 왔어. 저녁 밥 어떻게 할 거야? 만들어 둘까? F : 고마워. 그건 괜찮아. 무언가 바로 먹을 수 있는 것 사서 돌아갈 테니까. 그것보다, 정원의 꽃에 물을 주어 둬 줄 수 있어? 여러가지 부탁해서 미안하지만. M : 알았어.
夫はこれから何をしますか。	남편은 지금부터 무엇을 합니까?

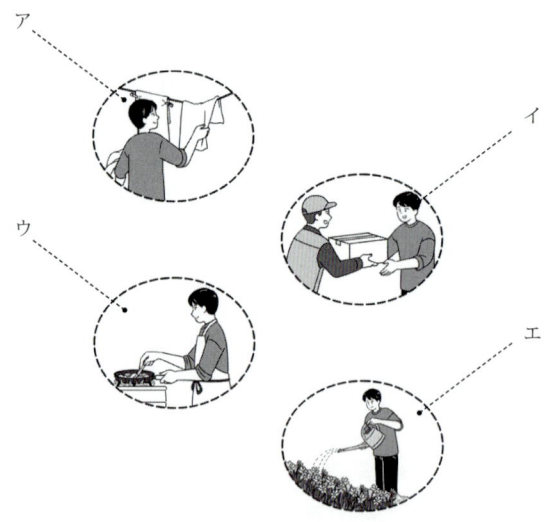

1. ア　ウ	1. 아 우
2. ア　エ	2. 아 에
3. イ　ウ	3. 이 우
4. イ　エ	4. 이 에

어휘 妻(아내) | 夫(남편) | 用事(용건, 용무) | 帰る(집에 돌아가다) | 駅(역) | 本当(정말) | 暗い(어둡다) | 洗濯物(세탁물) | 取り込む(걷다, 걷어 들이다) | 荷物(짐) | 届く(닿다, 도착하다) | 受ける(받다, 수취하다) | さっき(조금 전) | 晩ご飯(저녁밥) | 庭(정원) | 頼む(부탁하다)

해설 이미 한 일과, 지금부터 해야 할 일, 여성이 할 일과 남성이 할 일을 구분하는 것이 포인트이다. 아내의 귀가가 늦어져, 아내는 남편에게 세탁물을 걷어 줄 것, 짐을 받아 줄 것, 꽃에 물을 줄 것 총 3가지를 부탁하고 있는데, 남편은 짐은 이미 도착했다고 했으므로, 지금부터 해야 할 일은 세탁물 걷기와 화단에 물 주기의 2번이다. 먹을 것을 만들어 둘 것을 남편이 제안했으나, 아내는 간단히 바로 먹을 수 있는 것을 사 간다고 했으므로, 우는 제외된다.

2번 정답 3

クリーニング屋で女の人と店員が話しています。女の人はワンピースをいつ取りに来ますか。	세탁소에서 여자와 점원이 이야기하고 있습니다. 여자는 원피스를 언제 찾으러 옵니까?
F : すみません、このワンピースお願いします。いつできますか。 M : ええと今日は水曜日ですね。土曜日にお渡しできます。 F : そうですか。その日に結婚式があるんで、その前日までには取りに来たいんですが。 M : 急ぐようでしたら、500円高くなってしまいますが、預かった翌日にできるコースもありますので、そちらにしていただけないでしょうか。 F : 分かりました。 M : あ、申し訳ありません。明日は定休日なので。 F : じゃ、その次の日ですね。 M : はい、よろしくお願いします。	F : 죄송합니다, 이 원피스 부탁드립니다. 언제 될까요? M : 어~, 오늘은 수요일이죠. 토요일에 건넬 수 있습니다. F : 그렇습니까? 그 날에 결혼식이 있어서, 그 전날까지는 찾으러 오고 싶은데요. M : 서두르시는 것 같으면, 500엔 비싸져 버리지만, 맡은 익일에 완성되는 코스도 있으니까, 그쪽으로 해 주실 수 있을까요? F : 알겠습니다. M : 아, 죄송합니다. 내일은 휴일이라서. F : 그럼 그 다음날이군요. M : 네, 잘 부탁드립니다.
女のはワンピースをいつ取りに来ますか。 1. 水曜日 2. 木曜日 3. 金曜日 4. 土曜日	여자는 원피스를 언제 찾으러 옵니까? 1. 수요일 2. 목요일 3. 금요일 4. 토요일

어휘 クリーニング(클리닝, 세탁소) | 店員(점원) | ワンピース(원피스) | 渡す(건네다) | 水曜日(수요일) | 土曜日(토요일) | 結婚式(결혼식) | 急ぐ(서두르다) | 預かる(맡다) | 翌日(익일, 다음 날) | 定休日(정휴일) | 木曜日(목요일) | 金曜日(금요일)

해설 원피스를 세탁소에 맡기는 것은 수요일이며, 토요일에 찾을 수 있다고 했는데, 토요일에 결혼식이 있어서 전날까지는 찾고 싶다고 했다. 이에 대해, 점원은 500엔 추가하면 맡긴 다음 날 찾을 수 있다고 했는데, 내일은 휴일이라고 했으므로, 금요일에 찾을 수 있고, 정답은 3번이다.

3번 정답 1

会社で男の人と女の人が歓迎会について話しています。女の人はこのあとまず何をしますか。	회사에서 남자와 여자가 환영회에 대해서 이야기하고 있습니다. 여자는 이 뒤에 우선 무엇을 합니까?
M : 再来週の新入社員の歓迎会、僕が準備することになってたでしょう。ちょっと手伝ってほしいんだけど。 F : うん、いいよ。 M : 営業課全員に出られるかどうかを聞いてくれる？もう店は決まってて、大体の人数は伝えてあるんだけど、そろそろ最終的な人数をお店に連絡しなきゃならないんだ。 F : 分かった。 M : 全員に聞いたら、店に電話して、人数を連絡しておいてくれる？その店、今日は休みだから、明日以降でいいよ。それから、メンバーが決まったら、僕にもメールで教えて。参加する人確認したいから。 F : うん。ほかに何かない？ M : 歓迎会で何をするか、内容を決めなくちゃいけないんだけど。それは自分でやっておくよ。じゃ、よろしく。	M : 다다음주 신입사원 환영회, 내가 준비하게 되었잖아. 조금 도와주었으면 좋겠는데. F : 응, 좋아. M : 영업과 전원에게 나올 수 있는지를 물어봐 줄래? 가게는 결정되어 있어서, 대체적인 인원 수는 전달했는데, 슬슬 최종적인 인원수를 가게에 연락하지 않으면 안 돼. F : 알았어. M : 전원에게 물으면, 가게에 전화해서 인원 수를 연락해 둬 줄래? 그 가게 오늘은 쉬니까, 내일 이후로 괜찮아. 그리고, 멤버가 결정되면, 나에게도 메일로 가르쳐줘. 참가하는 사람 확인하고 싶으니까. F : 응, 그 외에 뭔가 없어? M : 환영회에서 무엇을 할지, 내용을 정하지 않으면 안되는데, 그건 스스로 해 둘 게. 그럼 부탁해.
女の人はこのあとまず何をしますか。	여자는 이 뒤에 우선 무엇을 합니까?
1. さんかしゃをかくにんする 2. 店に電話する 3. メールをかくにんする 4. ないようを決める	1. 참가자를 확인한다. 2. 가게에 전화한다. 3. 메일을 확인한다. 4. 내용을 결정하다

어휘 歓迎会(환영회) | 再来週(다다음 주) | 新入社員(신입사원) | 準備(준비) | 手伝う(돕다) | 営業課(영업과) | 全員(전원) | 大体(대개, 대충) | 人数(인원수) | 連絡(연락) | 最終的(최종적) | 以降(이후) | 参加(참가) | 内容(내용) | 決める(정하다)

해설 남자가 해야 할 일과, 여성이 해야 할 일을 구분하여 듣는 것이 포인트이다. 남자는 여자에게, 영업과 전원이 참가할 수 있는지를 확인하여, 참가자 인원 수를 가게에 연락하고 본인에게도 전해달라고 부탁하였다. 그리고, 환영회에서 무엇을 할지는 남자가 한다고 했다. 따라서 여자는 우선 참가자를 확인해야 하므로, 정답은 1번이다.

4번 정답 2

大学の英語セミナーの説明会で係りの人が話しています。参加したい学生はまず何をしなければなりませんか。	대학교 영어 세미나 설명회에서 담당자가 이야기하고 있습니다. 참가하고 싶은 학생은 우선 무엇을 하지 않으면 안 됩니까?

M：えー、夏休みの上級英語セミナーについて説明します。セミナーに申し込みたい人は、インターネットでテストを受けてください。テストの点数によって、参加できるかどうか決まりますから、必ず今週中に受けておくようにしてください。結果は、来週、学生課の前の掲示板で発表しますので、そちらで確認してください。セミナーの申し込みは、結果が出たあとにします。参加費の振り込みも同様です。申し込み期間が短いので、気をつけてください。	M：어~, 여름 방학의 상급 영어 세미나에 관해서 설명하겠습니다. 세미나를 신청하고 싶은 사람은 인터넷에서 시험을 치러 주세요. 테스트 점수에 따라서, 참가할 수 있을지 어떨지 결정되니까, 반드시 금주 중으로 시험 치러 두도록 해주세요. 결과는, 다음 주 학생과 앞 게시판에 발표할 테니까, 그쪽에서 확인해 주세요. 세미나 신청은 결과가 나온 후로 하겠습니다. 참가비 이체도 마찬가지입니다. 신청 기간이 짧기 때문에, 주의해 주세요.
参加したい学生はまず何をしなければなりませんか。	참가하고 싶은 학생은 우선 무엇을 해야 합니까?
1. セミナーにもうしこむ 2. テストをうける 3. けいじばんを見る 4. さんかひをふりこむ	1. 세미나에 신청하다. 2. 테스트를 치다. 3. 게시판을 보다 4. 참가비를 이체하다.

어휘 英語(영어) | セミナー(세미나) | 説明会(설명회) | 係り(담당) | 申し込む(신청하다) | 参加(참가) | 夏休み(여름 방학) | 上級(상급) | 点数(점수) | 結果(결과) | 掲示板(게시판) | 発表(발표) | 参加費(참가비) | 振り込み(이체) | 期間(기간)

해설 상급 영어 세미나에 참가하기 위해서는 우선, 인터넷에서 시험을 치를 필요가 있으며, 그 점수에 따라 참가 가능 여부가 결정된다고 했다. 따라서 정답은 2번, '테스트를 친다'이다.

5번 정답 1

会社で男の人と女の人が話しています。女の人はこのあとまず何をしますか。	회사에서 남자와 여자가 이야기하고 있습니다. 여자는 이 뒤에 우선 무엇을 합니까?
M：佐藤さん、ちょっとアンケート調査の結果の入力をお願いしたいんだけど、今忙しい？ F：あ、製品のサンプルを支店に送る準備をしています。 M：ああ、それね。それはもう少し先でも大丈夫だよ。 F：そうですか。入力には時間がかかるでしょうか。明日の会議の準備もあって。 M：ああ、そっか。それもあったね。忙しいところ悪いんだけど、こっちも急ぎなんだ。前にもやってもらったことがあるから、佐藤さんに頼みたいんだよね。会議の準備って何が残ってるの？ F：資料の印刷と部屋の準備とお弁当の注文です。 M：そうか。じゃ、そっちは大野さんに頼んでおくよ。 F：分かりました。じゃ、すぐします。	M：사토 씨, 잠깐 앙케이트 조사 결과 입력을 부탁하고 싶은데, 지금 바빠? F：아, 신제품 샘플을 지점에 보낼 준비를 하고 있습니다. M：아~, 그거. 그거는 조금 더 나중에라도 괜찮아. F：그렇습니까? 입력에는 시간이 걸릴까요? 내일 회의 준비도 있어서. M：아~, 그렇구나. 그것도 있었네. 바쁠 때 미안한데, 이쪽도 급해. 전에도 해 준 적이 있으니까, 사토 씨에게 부탁하고 싶단 말이야. 회의 준비는 뭐가 남아 있어? F：자료 인쇄와 방 준비와 도시락 준비입니다. M：그렇군. 그럼 그쪽은 오노 씨에게 부탁해 둘 게. F：알겠습니다. 그럼 바로 하겠습니다.

女の人はこのあとまず何をしますか。	여자는 이 뒤에 우선 무엇을 합니까?
1. ちょうさけっかを入力する	1. 조사 결과를 입력한다.
2. サンプルをしてんに送る	2. 샘플을 지점에 보낸다.
3. かいぎのじゅんびをする	3. 회의 준비를 한다.
4. 大野さんに仕事をたのむ	4. 오노 씨에게 일을 부탁한다.

어휘 アンケート調査(앙케이트 조사) | 結果(결과) | 入力(입력) | 忙しい(바쁘다) | 新製品(신제품) | サンプル(샘플) | 支店(지점) | 準備(준비) | 送る(보내다) | 大丈夫(괜찮다) | 会議(회의) | 印刷(인쇄) | 残る(남다) | 電話(전화)

해설 남자는 여자에게 앙케이트 조사 결과 입력을 부탁하고 싶다고 말하고 있다. 여자는 현재 '1) 지점에 보낼 샘플 준비를 하고 있으며 2) 내일 회의 준비로 자료 인쇄와 회의실 준비, 도시락 준비'가 남아 있다고 하였다. 이에 대해 남자는, 1)은 나중에 해도 괜찮고, 2)는 오노 씨에게 부탁할 것이라고 말하고 있다. 즉, 여성이 이 뒤에 우선 해야 하는 것은 자료 입력 작업이므로 정답은 1번이다.

6번 정답 2

会社で男の人と女の人が話しています。男の人はこのあとまず何をしますか。	회사에서 남자와 여자가 이야기하고 있습니다. 남자는 이 뒤에 우선 무엇을 합니까?
M：パソコンをずっと使ってるせいで、最近、肩が痛いんだけど、何かいい方法ない？	M : 컴퓨터를 쭉 사용하고 있는 탓으로, 최근에 어깨가 아픈데, 무언가 좋은 방법 없어?
F：体操がいいとよ。体操教室とか申し込んでみたら？私、うちの近くの体操教室に通ってるけど、肩の痛みが取れたよ。ああ、でも、最近仕事忙しいよね。	F : 체조가 좋다고 생각해요. 체조 교실이라든가 신청해 보면? 나, 우리집 근처 체조교실을 다니고 있는데, 어깨 통증이 없어졌어. 아, 그런데, 최근 바쁘지?
M：うん、行きたいんだけどね。	M : 응, 가고 싶은데 말야.
F：あ、体操教室の先生が作ったDVDがあるんだ。それ見ながら自分でやるのはどう？先生は以前病院で患者さんに体操を教えてたりして、人気があるんだ。	F : 아, 체조 교실 선생님이 만든 DVD가 있어. 그거 보면서 하는 건 어때? 선생님은 이전에 병원에서 환자에게 체조를 가르치거나 해서, 인기가 있어.
M：ふうん。病院で教えてたんだ。それはよさそうだね。	M : 흐음~, 병원에서 가르치고 있었구나. 그건 좋을 것 같네.
F：うん、インターネットで手に入るから頼んでみたら？	F : 응, 인터넷에서도 살 수 있으니까 부탁해 보면?
M：うん、今日にでも。	M : 응, 오늘이라도.
F：あ、それから、会社の近くのスポーツクラブの無料チケットがあるからあげるよ。そこでも簡単な体操を教えてくれるから、仕事、落ち着いたら行ってみて。	F : 아, 그리고, 회사 근처 스포츠 클럽 무료 티켓이 있으니까 줄 게. 거기에서도 간단한 체조 가르쳐 주니까, 일 정리되면 가 봐.
M：ありがとう。そうする。	M : 고마워, 그렇게 할 게.
男の人はこのあとまず何をしますか。	남자는 이 뒤에 우선 무엇을 합니까?

1. たいそう室にもうしこむ	1. 체조 교실을 신청한다.
2. DVDを買う	2. DVD를 산다.
3. びょういんに行く	3. 병원에 간다
4. スポーツクラブにく	4. 스포츠 클럽에 간다.

어휘 パソコン(컴퓨터) | 最近(최근) | 肩(어깨) | 方法(방법) | 体操教室(체조교실) | 痛み(통증) | 以前(이전) | 病院(병원) | 患者(환자) | 教える(가르치다) | 人気(인기) | 無料(무료) | チケット(티켓) | 簡単(간단) | 落ち着く(진정이 되다, 안정이 되다)

해설 지금 바로 가능한 것과, 나중에 할 것의 순서를 구분하여 듣는 것이 포인트이다.

남자가 어깨 통증을 호소하고 있는데, 이에 대해 여자는 1)체조 교실에 참가할 것 2) 체조교실 선생님이 만든 DVD를 인터넷에서 구입해 볼 것 3) 회사 근처 스포츠 클럽 무료 티켓으로 간단한 체조를 배우러 가는 것의 3가지를 제안하고 있다. 이 중에서 1) 체조교실은 일이 바빠서 어렵다고 했으며, 3)의 스포츠 클럽도, 지금 하고 있는 일이 일단락 되면 간다고 했으므로 정답은 2번이다.

問題2 / 문제2

問題2では、まず質問を聞いてください。そのあと、問題用紙のせんたくしを読んでください。読む時間があります。それから話を聞いて、問題用紙の1から4の中から最もよいものを一つえらんでください。

문제2에서는 우선 질문을 들어주세요. 그 뒤에, 문제 용지 선택지를 읽어 주세요. 읽을 시간이 있습니다. 그리고 나서 이야기를 듣고, 문제용지 1에서 4에서 가장 좋은 것을 하나 골라 주세요.

예 정답 4

女の人と男の人がスーパーで話しています。男の人はどうして自分で料理をしませんか。	여자와 남자가 슈퍼에서 이야기하고 있습니다. 남자는 왜 스스로 요리를 하지 않습니까?
1. いそがしくて時間がないから	1. 바빠서 시간이 없으니까
2. 料理がにがてだから	2. 요리가 서투르니까
3. ざいりょうが あまってしまうから	3. 재료가 남아 버리니까
4. いっしょに食べる人がいないから	4. 함께 먹을 사람이 없으니까
F : あら、田中くん、お買い物?	F : 어머, 다나카 씨, 쇼핑?
M : うん、夕飯を買いにね。	M : 응, 저녁을 사러.
F : お弁当?自分で作らないの?時間ないか。	F : 도시락? 스스로 안 만들어? 시간이 없나?
M : いや、そうじゃないんだ。	M : 아니, 그런 건 아냐.
F : じゃ、作ればいいのに。	F : 그럼, 만들면 좋은데.
M : 作るのはいじゃないんだ。でも、一人だと。	M : 만드는 건 싫지는 않아. 하지만, 혼자면.
F : 材料が余っちゃう?	F : 재료가 남아 버려서?

M：それはいいんだけど、一生懸命作っても一人で食べるだけじゃ、なんか寂しくて。	M：그건 괜찮은데, 열심히 만들어도 혼자서 먹는 거면, 뭔가 쓸쓸해서.
F：それもそうか。	F：그것도 그렇네.
男の人はどうして自分で料理をしませんか。	남자는 왜 스스로 요리를 하지 않습니까?

어휘 スーパー(슈퍼마켓) | 買い物(쇼핑) | 夕飯(저녁 밥) | 弁当(도시락) | 嫌い(싫다) | 材料(재료) | 余る(남다) | 一生懸命(열심히) | 寂しい(쓸쓸하다)

해설 문제2. 포인트 이해에서는 질문에서 제시된 것의 이유나 원인, 목적을 찾는 문제가 출제된다. 질문에 중요한 키워드가 제시되므로, 질문을 놓치지 말고 미리 들어 두는 것이 중요하다. 남자가 요리를 하지 않는 이유에 대해서 대화하고 있는데, 여자가 제시하는 이유와 남자가 생각하는 이유를 구분할 수 있는지가 포인트이다. 남자가 요리를 하지 않는 이유에 대해 여자가 여러 가지로 유추하고 있는데, 마지막 남자의 대화에서 "열심히 만들어도 혼자서 먹는 것뿐이라면, 뭔가 쓸쓸하다"고 했다. 즉, 함께 먹을 사람이 없어 쓸쓸하다는 것이므로, 정답은 4번이다.

1번 정답 2

うちで夫と妻が話しています。妻はどうして昨日新しい掃除機を買いませんでしたか。	집에서 남자와 여자가 이야기하고 있습니다. 아내는 왜 어제 새로운 청소기를 사지 않았습니까?
1. 気に入ったのがなかったから	1. 마음에 든 것이 없었으니까
2. 今すぐひつようが なくなったから	2. 지금 바로 살 필요가 없어졌으니까
3. ねだんが高かったから	3. 가격이 비쌌으니까
4. おっといっしょに えらびたかったから	4. 남편과 함께 고르고 싶었으니까
M：昨日掃除機の調子が悪いから新しいの買いに行くって言ってたけど、どうした？何か広告見て気に入ったのがあったんだろ？	M：어제 청소기 상태가 나쁘니까 새로운 거 사러 간다고 말했는데, 어떻게 됐어? 뭔가 광고 보고 마음에 든 게 있었잖아?
F：あのね、今まで使ってたあの掃除機、壊れたと思ってたんだけど、また動くようになったの。	F：저기, 지금까지 쓰고 있었던 그 청소기, 망가졌다고 생각하고 있었는데, 또 움직이게 되었어.
M：えっ。	M：에?
F：あの広告で見てた掃除機、値段もそんなに高くなかったし、もうそれを買おうって決めてたんだけど。まだ動くんだったら、買わなくてもいいと思って、やめたんだ。	F：그 광고에서 봤던 청소기, 가격도 그렇게 비싸지 않았고, 이미 그것을 사려고 정하고 있었는데. 아직 움직인다면, 사지 않아도 된다고 생각하고, 그만뒀어.
M：そっか。だけどすぐ壊れるんじゃない？僕、明日休みだし、一緒に買いに行こうか。	M：그래? 그래도, 곧 망가지지 않을까? 나, 내일 쉬는 날이고, 함께 사러 갈까?
F：いいよ。壊れたら、そのときは、一緒に新しいの見に行こ。	F：괜찮아. 망가지면 그 때는 함께 새로운 것 보러 가자.
妻はどうして昨日新しい掃除機を買いませんでしたか。	아내는 왜 어제 새로운 청소기를 사지 않았습니까?

| 어휘 | 掃除機(청소기) | 調子(상태) | 広告(광고) | 気に入る(마음에 들다) | 壊れる(망가지다) | 値段(가격) |

해설 아내가 청소기를 구입하지 않기로 한 이유를 찾는 문제이다. 아내의 대화를 주의해서 들으면 쉽게 정답을 찾을 수 있다. 아내는 첫 번째 대화에서, "청소기가 망가졌다고 생각하고 있었는데, 또 움직이므로" 살 필요가 없게 됐다고 말하고 있다. 남편은 다시 조만간 망가질 우려가 있으니 함께 사러 가자고 제안하고 있지만, 아내는 이를 거절하고 있다. 따라서 정답은 2번, "지금 바로 살 필요가 없어서"가 된다.

2번 정답 4

会社で男の人と女の人が話しています。男の人は何のために貯金を始めましたか。	회사에서 남자와 여자가 이야기하고 있습니다. 남자는 무엇을 위해 저금을 시작했습니까?
1. 年をとってからの生活のため 2. 家を買うため 3. 海外旅行をするため 4. りゅうがくするため	1. 나이를 먹고 나서의 생활을 위해서 2. 집을 사기 위해서 3. 해외여행을 하기 위해서 4. 유학을 하기 위해서
M：今朝新聞でたんだけど、ある調査によると日本では70パーセントくの人が毎月貯金をしてるんだって。 F：多いね。 M：年を取ってからの生活のためにっていうのが、いちばん多くて、家とか車とか高価な買い物のためっていうのも多かったよ。実は僕も今年から貯金を始めたんだ。 F：あ、確か長い休みを取って海外旅行したいって言ってたね。 M：そうじゃなくて、大学院に入って学びたいと思ってるんだ。海外でね。 F：そうなの？ じゃ、頑張って貯金しないとね。ああ、私も頑張って働かないと。去年家買うのに貯金全部使っちゃったからな。 M：家買ったんだから、すごいよ。僕が家を買えるのは、いつになるか。	M：오늘 아침 신문에서 봤는데, 어느 조사에 의하면, 일본에서는 70퍼센트 가까운 사람이 매달 저금을 하고 있대. F：많네. M：나이를 먹고 나서의 생활을 위해서, 라는 것이 가장 많아서, 집이라든가 차라든가 고가의 물건을 사기 위해서라는 것도 많았어. 실은 나도 올해부터 저금을 시작했어. F：아, 확실히 긴 휴가를 받아서 해외여행 가고 싶다고 말했지. M：그게 아니라, 대학원에 가서 배우고 싶다고 생각하고 있어. 해외에서. F：그래? 그럼 열심히 저금하지 않으면. 아~, 나도 노력해서 일하지 않으면 안돼. 작년 집 사는데 저금 전부 써버렸으니까 말야. M：집 샀으니까, 굉장해. 내가 집을 살 수 있는 건 언제가 되려나.
男の人は何のために貯金を始めましたか。	남자는 무엇을 위해 저금을 시작했습니까?

| 어휘 | 貯金(저금) | 今朝(오늘 아침) | 新聞(신문) | 調査(조사) | 年を取る(나이를 먹다) | 生活(생활) | 高価(고가) | 海外旅行(해외 여행) | 大学院(대학원) | 頑張る(열심히 노력하다) |

해설 앙케이트 조사 결과와 남성이 저금을 하는 이유를 구분하는 것이 포인트이다. 신문의 조사에 의하면, 매달 저금을 하는 이유는 집이나, 차 등의 고가 물건을 구입하기 위해서라는 답변이 많았다고 하고 있는데, 그 후 남성은 해외에 있는 대학원에 가서 배우고 싶어 저금을 시작했다고 말하고 있다. 즉, 정답은 4번이 된다.

3번 정답 1

留守番電話のメッセージを聞いています。女の学生はどうして食事に行けないと言っていますか。	부재중 전화 메시지를 듣고 있습니다. 여자 학생은 왜 식사에 갈 수 없다고 말하고 있습니까?
1. ペットをびょういんにつれて行くから 2. 母がけがをしたから 3. アルバイトに行くから 4. クラブの話し合いがあるから	1. 애완 동물을 병원에 데리고 가니까 2. 엄마가 부상을 당했으니까 3. 아르바이트 하러 가니까 4. 서클의 회의가 있으니까
F：田中です。今日のランチの約束なんだけど、ごめん。昨日の夜、うちの猫が怪我してね、今日母が病院に連れてく予定だったんだけど、急な用事ができたから私に行ってくれって。ごめんね。あ、それと、私、今日の夕方はアルバイトがあるからクラブの話し合いに出られないって言ってたけど、バイトの日が変わって、行けることになったよ。じゃ、後でね。ほんとごめんね。	F：다나카입니다. 오늘 점심 약속 말인데, 미안. 어제 밤, 우리집 고양이가 다쳐서 말야. 오늘 엄마가 병원에 데리고 갈 예정이었는데, 갑자기 용무가 생겨서, 나에게 데리고 가라고 해서. 미안. 아, 그리고, 나 오늘 저녁은 아르바이트가 있으니까 서클 회의에 나갈 수 없다고 말했는데, 아르바이트 날짜가 바뀌어서, 갈 수 있게 됐어. 그럼, 나중에. 정말 미안.
女の学生はどうして食事に行けないと言っていますか。	여자 학생은 왜 식사에 갈 수 없다고 말하고 있습니까?

어휘 留守番電話(부재중 전화) | メッセージ(메시지) | ランチ(런치, 점심) | 約束(약속) | 猫(고양이) | 怪我(부상, 상처) | 予定(예정) | 連れる(동반하다, 데리고 가다) | 用事(일, 용무) | 夕方(저녁 무렵) | バイト(아르바이트)

해설 전반부의 약속을 지킬 수 없는 이유와, 하반부의 서클 회의에 참석할 수 있다고 하는 부분을 구분하여 들을 수 있는지가 포인트이다. 여자 학생은, 집에서 기르는 고양이가 부상을 당해서 본인이 병원에 데리고 가야 한다고 말했으므로, 정답은 1번이다. 서클 회의는 원래 참가가 어렵다고 했으나, 참가할 수 있다고 말하고 있다.

4번 정답 1

会社で男の人と外国人の女の人が話しています。男の人はこれからどうやって女の人の国の言葉を勉強することにしましたか。	회사에서 남자와 외국인 여자가 이야기하고 있습니다. 남자는 지금부터 어떻게 해서 여자의 나라의 말을 공부하게 되었습니까?
1. サラさんの友人に教えてもらう 2. テレビを見て自分で勉強する 3. インターネットでレッスンをうける 4. 外国語の学校に通う	1. 사라 씨의 친구에게 배운다. 2. 텔레비전을 보고 스스로 공부한다. 3. 인터넷에서 레슨을 받는다. 4. 외국어 학교를 다닌다.
M：サラさん、今度サラさんの国に2か月出張することになったんだ。少し言葉を習いたいんだけど、だれか教えてくれる人いない？サラさんは忙しいよね。 F：うん、私はちょっと。あ、友達、紹介するよ。いい人がいる。	M：사라 씨, 이번에 사라 씨 나라에 2개월 출장가게 되었어. 조금 말을 배우고 싶은데, 누군가 가르쳐 줄 사람 없을까? 사라 씨는 바쁘지? F：응, 나는 조금. 아, 친구 소개할 게. 좋은 사람이 있어.

M : よかった。テレビの外国語学習の番組見てやってみたけど、なんかよく分からなくて。 F : その友達、日本語はあまりできないんだけど、国で外国人に教えたこともあるよ。 M : え、日本語できないの？この前一度、「インターネットで会話のレッスン」っていうの受けてみたんだけど、日本語の説明少なくて困ったんだよ。それはグループレッスンだったから、質問もあまりできなくて。 F : どこか学校は探してみた？ M : インターネットで探したけど、うちから通えるところにはなかったんだ。うーん、やっぱり個人レッスンがいいから、その人に頼んでもらえる？ F : うん。分かった。私も日本語を習ったとき、日本語だけで教わったからきっと大丈夫。	M : 다행이네. 텔레비전의 외국어 학습 프로그램 보고 해 보았는데, 뭔가 잘 몰라서. F : 그 친구, 일본어는 별로 못하지만, 모국에서 외국인에게 가르친 적 있어. M : 어? 일본어 못해? 요 전에 한 번, '인터넷에서 회화 레슨'이라는 거 받아 봤는데, 일본어 설명이 없어서 곤란했어. 그건 그룹 레슨이니까, 별로 질문도 하지 못하고. F : 어딘가 학교는 찾아봤어? M : 인터넷에서 찾아봤는데, 우리 집에서 다닐 수 있는 곳에는 없었어. 으~음, 역시 개인 레슨이 좋으니까, 그 사람에게 부탁해 줄 수 있을까? F : 응, 알았어. 나도 일본어를 배울 때, 일본어만으로 배웠으니까 분명히 괜찮을 거야.
男の人はこれからどうやって女の人の国の言葉を勉強することにしましたか。	남자는 지금부터 어떻게 해서 여자의 나라의 말을 공부하게 되었습니까?

어휘 勉強(공부) | レッスン(레슨) | 今度(이번, 요번) | 紹介(소개) | あまり(별로, 그다지) | 会話(회화) | 困る(곤란하다) | 質問(질문) | 探す(찾다) | 習う(배우다, 익히다)

해설 이미 해 본 것과, 해보고 싶은 것을 구분하는 것이 포인트이다. 남자는 2개월 출장을 가는데, 출장 전에 그 나라의 말을 배우고 싶다고 말하고 있다. 우선, '인터넷에서 회화 레슨'은 이미 받아 봤는데 일본어 설명이 없어서 곤란했으며, 그룹 레슨이라 질문 못 해 곤란했다고 말하고 있다. 마지막 대화에서 개인 레슨이 좋다고 하며, 사라 씨의 친구에게 부탁해 달라고 했으므로, 정답은 1번이다.

5번 정답 3

レストランで店長と女の店員が話しています。女の店員は店について何が問題だと言っていますか。	레스토랑에서 점장과 여자 점원이 이야기하고 있습니다. 여자 점원은 가게에 대해서 무엇이 문제라고 말하고 있습니까?
1. 朝食のメニューが売れていない 2. 近所の人があまり来てくれない 3. こんでいてもせきを空けないきゃくがいる 4. ことばづかいがよくない店員がいる	1. 조식 메뉴가 팔리지 않는다 2. 근처 사람이 별로 와 주지 않는다 3. 혼잡해도 자리를 비우지 않는 손님이 있다 4. 말투가 좋지 않은 점원이 있다.
M : 店がオープンしてやっと1か月経ったけど、何か気づいたことある？	M : 가게가 오픈하고 겨우 1개월 지났지만, 뭔가 깨달은 거 있어?

F：そうですね。はじめは、朝6時っていう開店の時間はちょっと早いと思って、お客様がいらっしゃるかどうか心配だったんですが、近所の方がよく朝食を食べに来てくださるので、驚きました。 M：確かに予想以上だったね。 F：はい。それと、食事がすんでいるのに、ずっとお帰りにならない方がけっこういらっしゃるのが気になります。アルバイトの森さんが言ってたんですけど、せっかく来てくださったお客様が席がなくて入れないっていうことが何回かあったそうです。 M：そういうときは、お客様の気分を悪くさせずに席を空けていただくように頼まなきゃいけないんだけど。うちの店は若い店員が多いから、上手に伝えるのは難しいかもしれないね。	F：글쎄요, 처음에는 아침 6시라는 개점 시간은 조금 빠르다고 생각하고, 손님이 오실지 어떨지 걱정이었는데, 근처 분들이 자주 조식을 먹으러 와 주셔서 놀랐습니다. M：확실히 예상 이상이였지. F：네, 그것과, 식사가 끝났는데, 쭉 돌아가시지 않는 분이 꽤 계시는 것이 신경 쓰입니다. 아르바이트 모리 씨가 말했는데, 모처럼 와 주신 손님이 자리가 없어서 들어가지 못했던 것이 몇 번인가 있었다고 합니다. M：그럴 때는, 손님 기분을 나쁘게 하지 않고, 자리를 비워 주시도록 부탁하지 않으면 안 되는데. 우리 가게는 젊은 점원이 많으니까, 능숙하게 전달하는 것은 어려울 지도 몰라.
女の店員は店について何が問題だと言っていますか。	여자 점원은 가게에 관해서 무엇이 문제라고 말하고 있습니까?

어휘 店長(점장) | 店員(점원) | 店(가게) | 経つ(지나다, 경과하다) | 心配(걱정, 근심) | 朝食(조식) | 予想(예상) | けっこう(꽤, 상당히) | せっかく(모처럼) | 気分(기분) | 上手(능숙한)

해설 오픈 1개월 후가 되어, 생각보다 좋았던 것과 문제점에 대해 이야기하고 있는데, 문제점과 걱정했던 것을 구분하는 것이 포인트이다. 점원은 오픈 당초에는 6시 개점이라는 개점 시간이 너무 빠르지 않을까 걱정이었지만, 의외로 근처 사람들이 많이 와서 놀랐다고 말하고 있다. 하지만, 식사가 끝났는데도 불구하고 가지 않아 모처럼 와 주신 손님들이 그냥 돌아가는 일이 있다고 하였다. 이에 대해 점장은 점원들이 젊어 기분 나쁘지 않게 자리를 비워달라고 이야기 하는 것을 어려워하는 것 같다고 말하고 있다. 즉, 혼잡해도 자리를 비우지 않는 고객이 문제점이라고 이야기 하고 있으므로 정답은 3번이다.

6번 정답 4

女の学生と男の学生が授業の発表で使う資料について話しています。二人はこのあとまず何をしますか。	여자 학생과 남자 학생이 수업 발표에서 사용할 자료에 대해서 이야기하고 있습니다. 두 사람은 이 뒤 우선 무엇을 합니까?
1. せんぱいにしりょうを見せる 2. ちょうさをしなおす 3. しりょうにグラフをくわえる 4. はっぴょうのながれを　かえる	1. 선배에게 자료를 보여준다. 2. 조사를 다시 한다. 3. 자료에 그래프를 더한다. 4. 발표 흐름을 바꾼다.
F：ねえ、社会学の授業で一緒にやる発表のことなんだけど。 M：うん。準備も終わったし、発表を待つだけだね。	F：저, 사회학 수업에서 함께 하는 발표 말인데 말야. M：응, 준비도 끝났고, 발표를 기다리는 것뿐이지.

F : 実はね、昨日、ゼミの先輩に私たちが準備した、発表で使う資料とか発表の流れを見てもらったら、先輩が問題点をいくつかあげてくれて。直したほうがいいと思うんだ。 M : どこ？ F : うん。まずね、せっかく自分たちで調査して、面白い結果が出てるのに、数字が並んでるだけだから、伝わりにくいって。 M : じゃ、グラフを加えようか。 F : そうだね。それからもう一点、私たちの主張が発表の最後にしかないから、途中まで何が言いたいのか分からないって。ねえ、発表の流れ、変えてみない？ M : うん、やってみよう。流れを変えたら、調査結果の見せ方も変わってくるだろうから、グラフのことは後にして、それからやろう。 F : うん。	F : 실은 말야, 어제, 세미나 선배에게 우리들이 준비한, 발표에서 사용할 자료라든가 발표 흐름을 보여 드렸더니, 선배가 문제점을 몇 개인가 들어 주어서. 고치는 편이 좋다고 생각해. M : 어디? F : 응, 우선 말야, 모처럼 자신들이 조사해서 재미 있는 결과가 나왔는데, 숫자가 나열되어 있는 것뿐이니까, 전달되기 어렵대. M : 그럼, 그래프를 바꿀까? F : 그래. 그리고 또 하나, 우리들의 주장이 발표 마지막에 밖에 없으니까, 도중까지 무엇을 말하고 싶은지 모르겠대. 저기, 발표 흐름 바꿔 보지 않을래? M : 응, 해 보자. 흐름을 바꾸면, 조사 결과를 보여주는 방법도 바뀌어 올 테니까, 그래프는 뒤로 돌리고, 그리고 나서 하자. F : 응.
二人はこのあとまず何をしますか。	두 사람은 이 뒤에 우선 무엇을 합니까?

어휘 資料(자료) | 社会学(사회학) | 授業(수업) | ゼミ(세미나식 수업) | 先輩(선배) | 準備(준비) | 発表(발표) | 流れ(흐름) | 直す(고치다) | 面白い(재미있다) | 数字(숫자) | 並ぶ(늘어서다, 나열되다) | 主張(주장) | 途中(도중) | 調査(조사)

해설 여자 학생이 선배에게 들은 조언을 남자 학생에게 전달하고 있는데, 여자 학생은 주장이 발표 마지막 부분에만 나오니, 도중까지 무엇을 주장하고 싶은지 잘 모르겠다고 한 선배의 조언을 전달하며, 발표 흐름을 바꿀 것을 제안하고 있다. 이에 남자 학생도 긍정하고 있으므로 정답은 4번이다.

問題3 / 문제3

問題3では、問題用紙に何もいんさつされていません。この問題は、ぜんたいとしてどんなないようかを聞く問題です。話の前に質問がありません。まず話を聞いてください。それから、質問とせんたくしを聞いて、1から4の中から、最もよいものを一つえらんでください。

문제3에서는 문제 용지에 아무것도 인쇄되어 있지 않습니다. 이 문제는, 전체적으로 어떤 내용인지를 듣는 문제입니다. 이야기 앞에 질문이 없습니다. 우선 질문을 들어주세요. 그리고 나서 이야기를 듣고, 1에서 4에서 가장 좋은 것을 하나 골라 주세요.

예 정답 1

女の人が友達のうちに来て、話しています。	여자가 친구 집에 와서 이야기하고 있습니다.
F1. : 田中です。	F1. : 다나카입니다.
F2. : あ、はあい。昨日友達が泊まりに来てたんで、片付いてないけど、入って。	F2. : 아, 네~에, 어제 친구가 묵으러 왔었어서, 정리가 되어 있지 않지만, 들어와.
F1. : あ、でもここで。すぐ帰るから。あのう、この前借りた本なんだけど、ちょっと破れちゃって。	F1. : 어, 근데 여기에서. 바로 돌아갈 테니까. 저어, 요 전에 빌린 책 말인데, 조금 찢어져 버려서.
F2. : え、本当？	F2. : 어? 정말?
F1. : うん、このページなんだけど。	F1. : 응. 이 페이지 말인데.
F2. : あっ、うん、このくらいなら大丈夫。読めるし。	F2. : 엇, 응. 이 정도라면 괜찮아. 읽을 수 있고.
F1. : ほんと？ ごめん。これからは気をつけるから。	F1. : 정말? 미안. 이제부터는 주의할 테니까.
F2. : うん、いいよ。ねえ、入ってコーヒーでも飲んでいかない？	F2. : 응, 괜찮아. 저기, 들어와서 커피라도 마시고 가지 않을래?
女の人は友達のうちへ何をしに来ましたか。	여자는 친구 집에 무엇을 하러 왔습니까?
1. 謝りに来た 2. 本を借りに来た 3. 泊まりに来た 4. コーヒーをみに来た	1. 사과하러 왔다. 2. 책을 빌리러 왔다. 3. 묵으러 왔다. 4. 커피를 마시러 왔다.

어휘 泊まる (묵다, 숙박하다) | 片付く (정리되다, 치워지다) | 破れる (찢어지다) | 気をつける (신경 쓰다) | 借りる (빌리다)

해설 개요 이해 파트에서는 단순한 키워드가 아닌, 전체 내용의 요지를 파악하는 문제가 출제된다. 대화문이 아닌, 독백문의 형태가 출제되는 경우도 많다. 여자 학생은 친구에게 빌린 책을 되돌려 주려고 하고 있는데, 빌린 책이 조금 찢어졌다는 것을 전하고 있다. 즉, 빌린 물건을 망가뜨린 것을 사과하고 있으므로 정답은 1번이다.

1번 정답 3

テレビでアナウンサーが話しています。	텔레비전에서 아나운서가 이야기하고 있습니다.
F：皆さん、突然ですが、私、左利きなんです。マイクを持つのも左手、はしを持つのも左手です。今来ているこちらのお店、文房具など、ちょっと見たところよくある普通のものが売られていますが、大変人気があって、全国からお客さんが集まってくるそうです。すべての商品が左利きの人のためのものなんです。普段はあまり意識しないかもしれませんが、普通のはさみ、包丁などは右手で使うように作られています。こちらのお店には、日常使うものからパソコンのキーボードなどの電気製品、ギターなどの楽器まであるんですよ。すごいですね。	F : 여러분, 갑자기입니다만, 저 왼손잡이입니다. 마이크를 갖는 것도 왼손, 젓가락을 갖는 것도 왼손입니다. 지금 와 있는 이 가게, 문방구 등, 잠깐 봤더니 흔한 보통 것이 팔리고 있는데, 굉장히 인기가 있어서, 전국에서 손님이 모여 온다고 합니다. 모든 상품이 왼손잡이 사람을 위한 것입니다. 평소에는 별로 의식하지 않을지도 모르지만, 보통 가위, 칼 등은 오른손잡이가 사용하도록 만들어져 있습니다. 이 가게에는 일상에서 사용하는 것에서 컴퓨터 키보드 등의 전기제품, 기타 등의 악기까지 있어요. 굉장하죠.
アナウンサーは主に何について話していますか。	아나운서는 주로 무엇에 대해서 이야기하고 있습니까?
1. 左利き用の道具の特徴 2. 左利きの人の苦労 3. この店で扱っている商品 4. この店の利用客の感想	1. 왼손잡이용 도구의 특징 2. 왼손잡이 사람의 고생 3. 이 가게에서 다루고 있는 상품 4. 이 가게의 이용객의 감상

어휘 突然(돌연) | 左利き(왼손잡이) | マイク(마이크) | はし(젓가락) | 文房具(문방구) | 大変(굉장히) | 人気(인기) | 意識(의식) | 包丁(칼) | 電気製品(전기제품) | 楽器(악기) | 道具(도구) | 苦労(고생) | 扱う(취급하다)

해설 아나운서가 본인이 왼손잡이라고 설명하는 것에서 시작되는데, 왼손잡이용 도구나 용품을 파는 가게를 소개하고 있다. 이 가게에서는 일상적으로 사용하는 것부터, 키보드, 전자제품이나 기타 등의 악기까지 판매하고 있다고 소개하고 있다. 즉, 이 가게에서 다루고 있는 상품에 대해 이야기 하고 있으므로, 정답은 3번이다.

2번 정답 4

ラジオでスポーツ選手が話しています。	라디오에서 스포츠 선수가 이야기하고 있습니다.
M：けがで思うような成績が出せず、テニス選手としての活動を休むことにしたあと、選手をやめて、指導者になることも考えました。でも、目標を持って頑張る若い選手たちの試合を見て、まだあきらめられない気持ちが出てきました。自分もその場所に立ちたいと思い、選手を育てるのはもう少し先でもいいと思ったんです。休んでいる間も応援してくださった方たちのためにも、新しい気持ちでやっていきたいと思います。	M : 부상으로 생각한 것 같은 성적을 내지 못하고, 테니스 선수로서의 활동을 쉬기로 한 뒤, 선수를 그만두고 지도자가 되는 것도 생각했습니다. 하지만, 목표를 갖고 노력하는 젊은 선수들의 시합을 보고, 아직 포기할 수 없다는 기분이 생겼습니다. 나 자신도 그 장소에 서고 싶다고 생각하고, 선수를 키우는 것은 조금 더 미래라도 좋다고 생각한 것입니다. 쉬고 있는 동안에도 응원해 주신 분들을 위해서라도, 새로운 기분으로 해 가고 싶다고 생각합니다.

このスポーツ選手が伝えたいことは何ですか。	이 스포츠 선수가 전하고 싶은 것은 무엇입니까?
1. 選手としての活動を休むということ	1. 선수로서의 활동을 쉰다는 것
2. 選手をやめるということ	2. 선수를 그만둔다는 것
3. 指導者になるということ	3. 지도자가 된다는 것
4. もう一度選手として活動するということ	4. 다시 한 번 선수로서 활동한다는 것

어휘 ラジオ(라디오) | スポーツ(스포츠) | 選手(선수) | 成績(성적) | 活動(활동) | 指導者(지도자) | 目標(목표) | 頑張る(분발하다) | 試合(시합) | 間(사이, 동안) | 応援(응원) | 休む(쉬다) | 伝える(전하다, 전달하다)

해설 스포츠 선수는 부상으로 생각만큼 성적이 나오지 않자, 은퇴 후 지도자의 길을 걷는 것을 고민하였으나, "목표를 갖고 노력하는 젊은 선수들의 시합을 보고, 포기할 수 없다"고 생각했다고 전하고 있다. 즉, 다시 한 번 선수로 활동하겠다는 포부를 밝히고 있으므로, 정답은 4번이다.

3번 정답 2

テレビで博物館の人が話しています。	텔레비전에서 박물관 사람이 이야기하고 있습니다.
M: 子供に科学を好きになってもらいたいご両親、多いと思います。でも、子供に正しく分かってもらおうと、つい大人に説明するときのように数学的な話や専門的な話をしていませんか。子供には難しい話をしてもしかたありません。言葉で詳しく説明するよりも実際に経験させることが大切なんです。例えば、月での重さの感じ方を教えるときだったら、地球で1キログラムのものが月ではどのくらいの重さに感じるか、持った感覚で分かるようにするといいですよ。	M: 아이에게 과학을 좋아하게 하고 싶다는 부모님 많을 거라고 생각합니다. 하지만 아이에게 바르게 알게 하려고, 무심코 어른에게 설명할 때처럼 수학적인 이야기나 전문적인 이야기를 하고 있지 않습니까? 아이에게는 어려운 이야기를 해도 소용 없습니다. 말로 자세히 설명하기 보다도 실제로 경험하게 하는 것이 중요한 것입니다. 예를 들자면, 달에서 무게 느끼는 법을 가르칠 때라면, 지구에서 1킬로그램의 것이 달에서는 어느 정도의 무게로 느낄지, 갖은 감각으로 알게 하면 좋습니다.
博物館の人は何について話していますか。	박물관 사람은 무엇에 대하여 이야기하고 있습니까?
1. 子供が科学を好きな理由	1. 아이가 과학을 좋아하는 이유
2. 子供への科学の教え方	2. 아이에 대한 과학을 가르치는 법
3. 子供に科学を学ばせる理由	3. 아이에게 과학을 배우게 하는 이유
4. 子供にとって必要な科学の知識	4. 아이에게 있어서 필요한 과학 지식

어휘 博物館(박물관) | 子供(아이) | 科学(과학) | 両親(양친) | 大人(어른) | 数学的(수학적) | 専門的(전문적) | 詳しい(자세하다) | 実際(실제) | 経験(경험) | 地球(지구) | 感覚(감각) | 知識(지식)

해설 「たとえば(예를 들자면)」등의 예시 부분 앞 부분에는, 개념을 정리하는 부분이 제시되어 있는 경우가 많으므로, 그 부분을 주의 깊게 들으면 좋다. 박물관 사람은, 아이들은 수학적으로 이론적으로 설명하는 것보다, "실제로 경험 시키는 것이 중요하다"고 말하고 있다. 즉, 아이들에게 과학을 어떻게 가르칠지에 대해서 설명하고 있으므로 정답은 2번이다.

問題4 문제4	問題4では、えを見ながら質問を聞いてください。やじるし(➡)の人は何を言いますか。1から3の中から、最もよいものを一つえらんでください。
	문제 4에서는, 그림을 보면서 질문을 들어 주세요. 화살표(➡)의 사람은 무엇을 말합니까? 1에서 3 중에서 가장 좋은 것을 하나 골라 주세요.

예 정답 1

ホテルのテレビが壊れています。何と言いますか。	호텔 텔레비전이 망가져 있습니다. 뭐라고 말합니까?
F : 1. テレビがつかないんですが。	F : 1. 텔레비전이 켜지지 않는데요.
2. テレビをつけてもいいですか。	2. 텔레비전을 켜도 됩니까?
3. テレビをつけたほうがいいですよ。	3. 텔레비전을 켜는 편이 좋아요.

어휘 ホテル(호텔) | 壊れる(망가지다) | テレビ(텔레비전) | つく(켜지다) | ほうがいい(~하는 편이 좋다)

해설 발화 표현 파트에서는 일상적으로 많이 쓰이는 대화나 수동형, 사역형, 존경어의 의미를 묻는 문제가 출제된다. 자주 출제되는 표현은 꼭 정리해 두자. 텔레비전이 망가졌으므로, 텔레비전이 켜지지 않는다는 것을 표현해야 한다. 「テレビをつける」는, '텔레비전을 켜다'라는 의미이므로 올바르게 답변한 것은 1번이다.

1번 정답 1

約束の時間に少し遅れました。友達に何と言いますか。	약속 시간에 조금 늦었습니다. 친구에게 뭐라고 말 합니까?
F : 1. 待たせてごめん。	F : 1. 기다리게 해서 미안.
2. 急がせちゃってごめん。	2. 서두르게 해 버려서 미안
3. ごめん、お先に。	3. 미안, 먼저 갈 게.

어휘 約束(약속) | 遅れる(늦다) | 友達(친구) | 待たせる(기다리게 하다) | 急がせる(서두르게 하다) | ~ちゃう(~해 버리다, ~てしまう의 회화체, 축약형) | お先に(먼저 갈게)

해설 약속 시간에 늦었으므로, 늦어서 미안하다는 것을 표현해야 한다. 「待たせる」는 '내가 상대방을 기다리게 하다'라는 사역 표현이며, 올바르게 답변한 것은 1번이 된다.

2번 정답 2

観光の案内をしています。建物を見てもらいたいです。何と言いますか。	관광 안내를 하고 있습니다. 건물을 봐 주었으면 좋겠습니다. 뭐라고 말합니까?
F : 1. こちらでお目にかかります。	F : 1. 이쪽에서 뵙네요.
2. こちらをご覧ください。	2. 이쪽을 봐 주세요.
3. お見せくださいますか。	3. 보여 주실 수 있습니까?

| 어휘 | 観光(관광) | 案内(안내) | 建物(건물) | 見せる(보여주다) |

해설 여행객에게 건물을 봐 달라고 부탁해야 하므로 공손하게 존경어를 사용해야 한다. 「ご覧ください」는 "봐 주세요"라는 상대에게 정중하게 요구하거나 부탁하는 표현이다. 따라서, 올바르게 답변한 것은 2번이 된다.

3번 정답 3

荷物を受け取ります。サインするところが分かりません。何と言いますか。	짐을 받습니다. 사인하는 곳을 모르겠습니다. 뭐라고 말합니까?
M : 1. どこにサインが書いてありますか。 2. どこでサインをしましょうか。 3. どこにサインをすればいいですか。	M : 1. 어디에 사인이 써 있습니까? 2. 어디에서 사인을 건넬까요? 3. 어디에 사인을 하면 됩니까?

어휘 荷物(짐) | 受ける(받다, 수취하다) | サイン(사인) | 渡す(건네다)

해설 사인할 곳을 모르는 상황이므로, 사인할 곳이 어디인지 물어봐야 한다. 「すればいい(~하면 되다)」는 상대방에게 허락, 허가하는 표현이며, 「すればいいですか(~하면 됩니까)」는 상대에게 어떻게 하면 좋을지를 묻는 표현이다. 「書いてある(써 있다)」는 결과의 상태를 나타내는 표현이다. 따라서, 올바르게 답변한 것은 3번이 된다.

4번 정답 3

今日はあまりおなかがすいていません。ご飯を普通より少なくしてほしいです。何と言いますか。	오늘은 별로 배가 고프지 않습니다. 밥을 평소보다 적게 해 주었으면 좋겠습니다. 뭐라고 합니까?
F : 1. ご飯、少なすぎるんですけど。 2. ご飯、あと少しほしいです。 3. ご飯、少な目でお願いします。	F : 1. 밥, 너무 적은데요. 2. 밥, 조금 더 받고 싶은데요. 3. 밥, 조금 적게 부탁드립니다.

어휘 おなかがすく(배가 고프다) | ご飯(밥) | 少な目(조금 적은 듯한 양, 약간 적은 듯한 양)

해설 조금 적게 달라고 부탁해야 하는 상황이다. 「少な目」는 조금 적은 듯한 양을 나타낼 때 사용하는 표현이다. 따라서, 올바르게 답변한 것은 3번이 된다. 「あと少し(조금 더)」는 양이 적다고 느껴질 경우, 더 달라고 하고 싶을 때 사용하는 표현이다.

問題5	問題5では、問題用紙に何もいんさつされていません。まず文を聞いてください。それから、そのへんじを聞いて、1から3の中から、最もよいものを一つえらんでください。
문제5	문제 5에서는, 문제용지에 아무것도 인쇄되어 있지 않습니다. 우선 문장을 들어 주세요. 그리고 나서, 그 대답을 듣고 1에서 3 중에서 가장 좋은 것을 하나 골라 주세요.

예 정답 2

M : すみません、今、時間、ありますか。	M : 죄송합니다. 지금, 시간, 있습니까?
F : 1. ええと、10時20分です。 2. ええ。何ですか。 3. 時計はあそこですよ。	F : 1. 으음~, 10시 20분입니다. 2. 네. 뭐죠? 3. 시계는 저기에요.

어휘 時計(시계) | あそこ(저기)

해설 즉시 응답 파트는 간단한 답변을 묻는 문제가 출제된다. 관용적으로 사용하는 표현이나, 일상생활에서 많이 사용하는 표현을 묻는 문제가 출제된다. 질문을 놓치지 않고 잘 듣는 것이 중요하다. 질문에서 "지금 시간 있습니까?"라고 했으므로, '시간이 있다, 없다'고 대답해야 하므로 정답은 2번이 된다.

1번 정답 1

M : 山田さん、作り直してくれた資料、見やすくなってましたよ。	M : 야마다 씨, 다시 만들어준 자료, 보기 쉬워져 있었어.
F : 1. ありがとうございます。よかったです。 2. 分かりました。すぐに直します。 3. もっと簡単にするんですか。	F : 1. 감사합니다. 다행이네요. 2. 알았습니다. 바로 고치겠습니다. 3. 더 간단하게 하는 건가요?

어휘 作り直す(고쳐 만들다, 다시 만들다) | 資料(자료) | もっと(더, 더욱) | 簡単(간단)

해설 「見やすくなっていた(보기 쉬워져 있었다)」고 칭찬하고 있으므로, 칭찬에 감사의 표시를 해야 한다. 따라서 올바른 답변은 1번이다. 2번과 3번은 모두 다시 수정하겠다는 답변인데, 질문에서 '보기 쉬워졌다' 즉 내용이 좋다고 칭찬하고 있으므로 수정하지 않아도 된다.

2번 정답 3

F : ねえ、ちょっと木村さんに用があるんだけど、見なかった？	F : 저기, 조금 기무라 씨에게 용건이 있는데, 보지 못했어?
M : 1. じゃ、一緒に見よう。 2. 特に用はないんだけど。 3. さあ。ほかの人に聞いてみて。	M : 1. 그럼, 함께 보자. 2. 특별히 용건은 없는데. 3. 글쎄, 다른 사람에게 물어봐.

정답 및 해설

어휘 用(용건, 용무) | 一緒に(함께) | 特に(특별히, 특히)

해설 「用がある」는 '용건이 있다, 볼일이 있다'는 표현으로, 기무라를 찾고 있는 상황이므로, 기무라가 있는 장소를 알려 주거나, 모른다고 답변해야 한다. 따라서, 올바른 답변은 3번이 된다.

3번 정답 2

M : 昨日貸してくれた本、読み出したら止まらなくなっちゃったよ。	M : 어제 빌려 준 책, 읽기 시작했더니 멈추지 않게 돼 버렸어.
F : 1. じゃ、全部読まなくてもいいよ。 2. けっこうおもしろかったでしょう。 3. 本、なくなっちゃったの？	F : 1. 그럼, 전부 읽지 않아도 괜찮아. 2. 꽤 재미있지? 3. 책, 없어져 버렸어?

어휘 昨日(어제) | 貸す(빌려주다) | 全部(전부) | けっこう(꽤, 상당히) | なくなる(없어지다)

해설 「止まらなくなっちゃった(멈추지 않게 되어 버렸다)」는, '어느 정도가 상당히 크다, 기분을 억제할 수 없었다'는 것을 나타내는 표현이다. 책을 일기 시작했더니, 멈추지 못하게 되어 버렸다, 즉, 굉장히 재미있다고 말하고 있으므로 올바른 대답은 2번이 된다.

4번 정답 1

F : どうぞお入りください。すぐお茶入れますから。	F : 자, 들어가세요. 바로 차 내올 테니까.
M : 1. おかまいなく。 2. ごちそうさまでした。 3. どういたしまして。	M : 1. 신경 쓰지 마세요. 2. 잘 마시겠습니다. 3. 천만에요.

어휘 どうぞ(아무쪼록, 부디, 어서) | お茶を入れる(차를 내다, 차를 끓여 내다)

해설 「おかまいなく(신경쓰지 마세요)」는 상대의 배려나 친절을 사양하려고 할 때 사용하는 표현이며, 상대의 호의를 정중하게 거절할 때도 사용한다. 일본에서는 주인이 "차를 내겠다"라고 하면, 일반적으로 상대의 친절을 사양하는 인사를 하는 경우가 많다. 정답은 1번이다.

5번 정답 1

M: リーさん、あのう、リーさんの研究でお聞きしたいことがあるんですが。	M: 리 씨, 저어, 리 씨 연구에서 묻고 싶은 것이 있는데요.
F : 1. あ、はい、どんなことでしょうか。 2. ああ、聞いたことがあります。 3. いえ、質問はありませんが。	F : 1. 에? 네, 어떤 거죠? 2. 아~, 묻고 싶은 것이 있습니다. 3. 아니요, 질문은 없는데요.

어휘 研究(연구) | 質問(질문)

해설	연구 중에서 물어보고 싶은 것이 있다고 했으므로, 어떤 질문인지를 물어봐야 한다. 「~でしょうか(~일까요?)」는 명확하지 않은 것에 대해서 상대방에게 질문하는 표현이다. 상대가 질문할 것이 있다고 하였으므로 어떤 질문인지를 물어봐야 하므로, 정답은 1번이다.

6번 정답 3

M : 友達に赤ちゃんが生まれたんだけど、どんなものをあげたらいいと思う？	M : 친구에게 아기가 태어났는데, 어떤 것을 주면 좋다고 생각해?
F : 1. うん、それがいいと思うよ。 2. プレゼントをあげたらどう？ 3. 何でも喜んでくれるんじゃない？	F : 1. 응, 그게 좋다고 생각해. 2. 선물을 주면 어떨까? 3. 뭐라도 기뻐해 주는 게 아닐까?

어휘	赤ちゃん(아기) ǀ 生まれる(태어나다) ǀ プレゼント(선물) ǀ 喜ぶ(기뻐하다)
해설	어떤 선물을 하면 좋을지를 묻고 있으므로, 특정 선물이 좋다, 혹은 어떤 선물이라도 기뻐할 것이라고 대답해야 자연스럽다. 따라서 올바른 답변은 3번이 된다.

7번 정답 2

F : 吉田さん、吉田さんはどちらのご出身ですか。	F : 요시다 씨, 요시다 씨는 어디 출신입니까?
M : 1. 東京の貿易会社で働いています。 2. 生まれたのは東京ですが、京都で育ちました。 3. これから東京へ行きます。	M : 1. 도쿄 무역회사에서 일하고 있어요. 2. 태어난 것은 도쿄인데, 교토에서 자랐습니다. 3. 지금부터 도쿄에 갑니다.

어휘	出身(출신) ǀ 貿易会社(무역회사) ǀ 東京(도쿄, 지명) ǀ 京都(교토, 지명) ǀ 育つ(자라다)
해설	「ご出身ですか(출신입니까)」는 어디에서 태어나고 자랐는지를 묻고 있는 질문이므로, 올바르게 답변한 것은 2번이 된다.

8번 정답 1

F : トムさんは日本に来たばかりなのに、日本のことよくご存じですね。	F : 톰 씨는 일본에 온지 얼마 안 되는데, 일본을 잘 아시네요.
M : 1. 来る前にいろいろ調べたんです。 2. いえ、日本には長く住んでいませんよ。 3. 来たばかりですから、しかたないです。	M : 1. 오기 전에 여러가지 조사했어요. 2. 아니요, 일본에는 오래 살지 않았어요. 3. 온지 얼마 되지 않으니까, 어쩔 수 없어요.

어휘	ご存じだ(아시다) ǀ する(~하기 전) ǀ 住む(살다, 거주하다) ǀ しかたない(어쩔 수 없다)
해설	「~たばかり」는 '갓 ~한, ~한지 얼마 안 되는'이라는 의미로, 질문에서 일본에 온지 얼마 안 되는데, 일본을 잘 안다고 칭찬하고 있으므로, 칭찬에 대해 감사의 표시를 하거나, 왜 잘 알고 있는지 이유를 말해야 한다. 따라서 올바르게 답변한 것은 1번이 된다.

9번 정답 2

F : 寒いね。今夜は雪が降ってもおかしくないね。	F : 춥네. 오늘 밤은 눈이 내려도 이상하지 않아.
M : 1. 降ったらおかしい？	M : 1. 내리면 이상해?
2. これは降るだろうね。	2. 이건 내리겠어.
3. 寒いけど、降らないんだね。	3. 춥지만, 내리지 않는구나.

어휘 今夜(오늘 밤) | 降る(내리다) | おかしい(이상하다)

해설 "눈이 내려도 이상하지 않다"고 했으므로, 눈이 내릴 것 같다고 긍정을 하거나, 눈이 내리지는 않을 것 같다는 부정의 표현을 해야 한다. 따라서, 올바르게 답변한 것은 2번이 된다.

日本語能力試験

JLPT
공식
Ver2.0
문제집
N3

청해 워크북

문제3

문제3에서는 문제 용지에 아무것도 인쇄되어 있지 않습니다. 이 문제는, 전체적으로 어떤 내용인지를 듣는 문제입니다. 이야기 앞에 질문이 없습니다. 우선 질문을 들어주세요. 그리고 나서 이야기를 듣고, 1에서 4중에서 가장 좋은 것을 하나 골라 주세요.

1번 정답 3

テレビでアナウンサーが話しています。

F：皆さん、＿＿＿＿＿＿＿＿＿＿＿＿＿＿＿
＿＿＿＿＿＿＿＿＿＿＿＿＿＿＿＿＿＿＿
＿＿＿＿＿＿＿＿＿＿＿＿＿＿＿＿＿＿＿
＿＿＿＿＿＿＿＿＿＿＿＿＿＿＿＿＿＿＿
＿＿＿＿＿＿＿＿＿＿＿＿＿＿＿＿＿＿＿
＿＿＿＿＿＿＿＿＿＿＿＿＿＿＿＿＿＿＿
＿＿＿＿＿＿＿＿＿＿＿＿＿＿＿＿＿＿＿

ア＿＿＿＿＿＿＿＿＿＿＿＿＿＿＿＿＿＿＿
1. ＿＿＿＿＿＿＿＿＿＿＿＿＿＿＿＿＿＿
2. ＿＿＿＿＿＿＿＿＿＿＿＿＿＿＿＿＿＿
3. ＿＿＿＿＿＿＿＿＿＿＿＿＿＿＿＿＿＿
4. ＿＿＿＿＿＿＿＿＿＿＿＿＿＿＿＿＿＿

2번 정답 4

ラジオでスポーツ選手が話しています。

M：け＿＿＿＿＿＿＿＿＿＿＿＿＿＿＿＿＿
＿＿＿＿＿＿＿＿＿＿＿＿＿＿＿＿＿＿＿
＿＿＿＿＿＿＿＿＿＿＿＿＿＿＿＿＿＿＿
＿＿＿＿＿＿＿＿＿＿＿＿＿＿＿＿＿＿＿
＿＿＿＿＿＿＿＿＿＿＿＿＿＿＿＿＿＿＿
＿＿＿＿＿＿＿＿＿＿＿＿＿＿＿＿＿＿＿
＿＿＿＿＿＿＿＿＿＿＿＿＿＿＿＿＿＿＿

こ＿＿＿＿＿＿＿＿＿＿＿＿＿＿＿＿＿＿＿
1. ＿＿＿＿＿＿＿＿＿＿＿＿＿＿＿＿＿＿
2. ＿＿＿＿＿＿＿＿＿＿＿＿＿＿＿＿＿＿
3. ＿＿＿＿＿＿＿＿＿＿＿＿＿＿＿＿＿＿
4. ＿＿＿＿＿＿＿＿＿＿＿＿＿＿＿＿＿＿

3번 정답 2

テレビで博物館の人が話しています。

M：子＿＿＿＿＿＿＿＿＿＿＿＿＿＿＿＿＿
＿＿＿＿＿＿＿＿＿＿＿＿＿＿＿＿＿＿＿
＿＿＿＿＿＿＿＿＿＿＿＿＿＿＿＿＿＿＿
＿＿＿＿＿＿＿＿＿＿＿＿＿＿＿＿＿＿＿
＿＿＿＿＿＿＿＿＿＿＿＿＿＿＿＿＿＿＿
＿＿＿＿＿＿＿＿＿＿＿＿＿＿＿＿＿＿＿
＿＿＿＿＿＿＿＿＿＿＿＿＿＿＿＿＿＿＿
＿＿＿＿＿＿＿＿＿＿＿＿＿＿＿＿＿＿＿

博＿＿＿＿＿＿＿＿＿＿＿＿＿＿＿＿＿＿＿
1. ＿＿＿＿＿＿＿＿＿＿＿＿＿＿＿＿＿＿
2. ＿＿＿＿＿＿＿＿＿＿＿＿＿＿＿＿＿＿
3. ＿＿＿＿＿＿＿＿＿＿＿＿＿＿＿＿＿＿
4. ＿＿＿＿＿＿＿＿＿＿＿＿＿＿＿＿＿＿

문제5

문제 5에서는, 문제용지에 아무것도 인쇄되어 있지 않습니다. 우선 문장을 들어 주세요. 그리고 나서, 그 대답을 듣고 1에서 3 중에서 가장 좋은 것을 하나 골라 주세요.

1번 정답 1

M : 山田さん、_____

F : 1. _____
　　2. _____
　　3. _____

2번 정답 3

F : ねえ、_____

M : 1. _____
　　2. _____
　　3. _____

3번 정답 2

M : 昨日貸してくれた本、_____

F : 1. _____
　　2. _____
　　3. _____

4번 정답 1

F : どうぞお入（はい）りください。

M : 1.
　　2.
　　3.

5번 정답 1

M : リーさん、

F : 1.
　　2.
　　3.

6번 정답 3

M : 友達（ともだち）に赤（あか）ちゃんが生（う）まれたんだけど、

F : 1.
　　2.
　　3.

7번 정답 2

F: 吉田さん、_____

M: 1. _____
   2. _____
   3. _____

8번 정답 1

F: トムさんは日本に来たばかりなのに、_____

M: 1. _____
   2. _____
   3. _____

9번 정답 2

F: 寒いね。_____

M: 1. _____
   2. _____
   3. _____

にほんごのうりょくしけん かいとうようし

N3 げんごちしき(もじ・ごい)

JLPT 공식문제집 N3 ver2.0

じゅけんばんごう
Examinee Registration Number

なまえ
Name

ちゅうい Notes

1. くろいえんぴつ(HB、No.2)でかいてください。
   (ペンやボールペンでは かかないでください。)
   Use a black medium soft (HB or No.2) pencil.
   (Do not use any kind of pen.)
2. かきなおすときは、けしゴムできれいにけしてください。
   Erase any unintended marks completely.
3. きたなくしたり、おったりしないでください。
   Do not soil or bend this sheet.
4. マークれい Marking examples

よいれい Correct Example	わるいれい Incorrect Examples
●	◯ ◯ ◯ ◯ ◯ ◐

問題1

1	①	②	③	④
2	①	②	③	④
3	①	②	③	④
4	①	②	③	④
5	①	②	③	④
6	①	②	③	④
7	①	②	③	④
8	①	②	③	④

問題2

9	①	②	③	④
10	①	②	③	④
11	①	②	③	④
12	①	②	③	④
13	①	②	③	④
14	①	②	③	④

問題3

15	①	②	③	④
16	①	②	③	④
17	①	②	③	④
18	①	②	③	④
19	①	②	③	④
20	①	②	③	④
21	①	②	③	④
22	①	②	③	④
23	①	②	③	④
24	①	②	③	④
25	①	②	③	④

問題4

26	①	②	③	④
27	①	②	③	④
28	①	②	③	④
29	①	②	③	④
30	①	②	③	④

問題5

31	①	②	③	④
32	①	②	③	④
33	①	②	③	④
34	①	②	③	④
35	①	②	③	④

にほんごのうりょくしけん かいとうようし

N3 げんごちしき (ぶんぽう)・どっかい

じゅけんばんごう
Examinee Registration Number

なまえ
Name

<ちゅうい Notes>
1. <ろいえんぴつ(HB、No.2)でかいてください。
   (ペンやボールペンではかかないでください。)
   Use a black medium soft (HB or No.2) pencil.
   (Do not use any kind of pen.)
2. かきなおすときは、けしゴムできれいにけしてください。
   Erase any unintended marks completely.
3. きたなくしたり、おったりしないでください。
   Do not soil or bend this sheet.
4. マークれい Marking examples

よいれい Correct Example	わるいれい Incorrect Examples
●	⊘ ⊖ ⊕ ◯ ◐ ●

問題 1

1	①	②	③	④
2	①	②	③	④
3	①	②	③	④
4	①	②	③	④
5	①	②	③	④
6	①	②	③	④
7	①	②	③	④
8	①	②	③	④
9	①	②	③	④
10	①	②	③	④
11	①	②	③	④
12	①	②	③	④
13	①	②	③	④

問題 2

14	①	②	③	④
15	①	②	③	④
16	①	②	③	④
17	①	②	③	④
18	①	②	③	④

問題 3

19	①	②	③	④
20	①	②	③	④
21	①	②	③	④
22	①	②	③	④
23	①	②	③	④

問題 4

24	①	②	③	④
25	①	②	③	④
26	①	②	③	④
27	①	②	③	④

問題 5

28	①	②	③	④
29	①	②	③	④
30	①	②	③	④
31	①	②	③	④
32	①	②	③	④
33	①	②	③	④

問題 6

34	①	②	③	④
35	①	②	③	④
36	①	②	③	④
37	①	②	③	④

問題 7

38	①	②	③	④
39	①	②	③	④

JLPT 공식문제집 N3 ver2.0

にほんごのうりょくしけん かいとうようし
N3 ちょうかい

JLPT 공식문제집 N3 ver2.0

じゅけんばんごう
Examinee Registration Number

なまえ
Name

<ちゅうい Notes>
1. くろいえんぴつ(HB、No.2)でかいてください。
   (ペンやボールペンではかかないでください。)
   Use a black medium soft (HB or No.2) pencil.
   (Do not use any kind of pen.)
2. かきなおすときは、けしゴムできれいにけしてください。
   Erase any unintended marks completely.
3. きたなくしたり、おったりしないでください。
   Do not soil or bend this sheet.
4. マークれい Marking examples

よいれい Correct Example	わるいれい Incorrect Examples
●	⊘ ⊙ ⊖ ○ ◐ ●

もんだい 1

	1	2	3	4
れい	●	②	③	④
1	①	②	③	④
2	①	②	③	④
3	①	②	③	④
4	①	②	③	④
5	①	②	③	④
6	①	②	③	④

もんだい 2

	1	2	3	4
れい	①	②	●	④
1	①	②	③	④
2	①	②	③	④
3	①	②	③	④
4	①	②	③	④
5	①	②	③	④
6	①	②	③	④

もんだい 3

	1	2	3	4
れい	●	②	③	④
1	①	②	③	④
2	①	②	③	④
3	①	②	③	④

もんだい 4

	1	2	3
れい	①	●	③
1	①	②	③
2	①	②	③
3	①	②	③
4	①	②	③

もんだい 5

	1	2	3
れい	●	②	③
1	①	②	③
2	①	②	③
3	①	②	③
4	①	②	③
5	①	②	③
6	①	②	③
7	①	②	③
8	①	②	③
9	①	②	③

MEMO